Collection « L'esprit économique »

fondée par Sophie Boutillier et Dimitri Uzunidis en 1996
dirigée par Sophie Boutillier, Blandine Laperche, Dimitri Uzunidis

Si l'apparence des choses se confondait avec leur réalité, toute réflexion, toute Science, toute recherche serait superflue. La collection « L'esprit économique » soulève le débat, textes et images à l'appui, sur la face cachée économique des faits sociaux : rapports de pouvoir, de production et d'échange, innovations organisationnelles, technologiques et financières, espaces globaux et microéconomiques de valorisation et de profit, pensées critiques et novatrices sur le monde en mouvement...
Ces ouvrages s'adressent aux étudiants, aux enseignants, aux chercheurs en sciences économiques, politiques, sociales, juridiques et de gestion, ainsi qu'aux experts d'entreprise et d'administration des institutions.

La collection est divisée en six séries :

Dans la série *Economie et Innovation* sont publiés des ouvrages d'économie industrielle, financière et du travail et de sociologie économique qui mettent l'accent sur les transformations économiques et sociales suite à l'introduction de nouvelles techniques et méthodes de production. L'innovation se confond avec la nouveauté marchande et touche le cœur même des rapports sociaux et de leurs représentations institutionnelles.

La série *Economie formelle* a pour objectif de promouvoir l'analyse des faits économiques contemporains en s'appuyant sur les approches critiques de l'économie telle qu'elle est enseignée et normalisée mondialement. Elle comprend des livres qui s'interrogent sur les choix des acteurs économiques dans une perspective macroéconomique, historique et prospective.

Dans la série *Le Monde en Question* sont publiés des ouvrages d'économie politique traitant des problèmes internationaux. Les économies nationales, le développement, les espaces élargis, ainsi que l'étude des ressorts fondamentaux de l'économie mondiale sont les sujets de prédilection dans le choix des publications.

La série *Krisis* a été créée pour faciliter la lecture historique des problèmes économiques et sociaux d'aujourd'hui liés aux métamorphoses de l'organisation industrielle et du travail. Elle comprend la réédition d'ouvrages anciens, de compilations de textes autour des mêmes questions et des ouvrages d'histoire de la pensée et des faits économiques.

La série *Clichés* a été créée pour fixer les impressions du monde économique. Les ouvrages contiennent photos et texte pour faire ressortir les caractéristiques d'une situation donnée. Le premier thème directeur est : mémoire et actualité du travail et de l'industrie ; le second : histoire et impacts économiques et sociaux des innovations.

La série *Cours Principaux* comprend des ouvrages simples, fondamentaux et/ou spécialisés qui s'adressent aux étudiants en licence et en master en économie, sociologie, droit, et gestion. Son principe de base est l'application du vieil adage chinois : « le plus long voyage commence par le premier pas ».

DETTES PUBLIQUES À LONG TERME ET SOUVERAINETÉ NATIONALE

5-7, rue de l'École-Polytechnique, 75005 Paris

http://www.editions-harmattan.fr

ISBN : 978-2-14-031020-1
EAN : 9782140310201

Michel Fouquin

Dettes publiques à long terme et souveraineté nationale

Enseignements des crises du XIIe au XXIe siècle

L'Harmattan

Publications Michel Fouquin

"Back to the Future: International Trade Costs and the Two Globalizations", Michel Fouquin, Jules Hugot, CEPII Working Paper, N°2016-13, may 2016.

"Two Centuries of Bilateral Trade and Gravity Data: 1827-2014", Michel Fouquin, Jules Hugot, CEPII Working Paper, N°2016-14, may 2016.

"*The Chinese Economy : Highlights and Opportunities*", éditeur en collaboration avec Françoise Lemoine, éditions Economica.1998.

« *Compétitivité des Nations* », sous la direction de Michel Fouquin, rapport du CEPII, éditions Economica, septembre. 1998.

« *Le développement économique de l'Asie orientale* », en collaboration avec E. Bouteiller, collection "Repères", La Découverte. 1995.

« *L'économie mondiale 1996* », rédacteur en chef, collection "Repères", La Découverte, septembre 1995.

« *L'économie mondiale 1995* », rédacteur en chef, collection "Repères", La Découverte, septembre 1994.

« *L'économie mondiale*, 1994 », rédacteur en chef, collection "Repères", La Découverte, août 1993.

« *L'économie mondiale 1993* », rédacteur en chef, collection "Repères", La Découverte, septembre 1992.

« *Économie mondiale : de Berlin à Bagdad* », rédacteur en chef, Economica, 1991.

« *Pacifique : le recentrage asiatique* », sous la direction de Michel Fouquin, préface Christian Sautter, Economica, 1991.

« *Industrie mondiale : la compétitivité à tout prix* », sous la direction de Michel Fouquin, préface Jacques Lesourne, Economica, 1986.

À Mary-Christine,
Laurent, Nadia, Clarisse

Les gouvernements arbitraires, soit révolutionnaires, soit despotiques, ont recours, pour soutenir la guerre, à des emprunts forcés, à des contributions extraordinaires, à des papiers monnaies; car nul pays ne peut ni ne doit faire la guerre avec son revenu : le crédit est donc la véritable découverte moderne qui a lié les gouvernements avec les peuples. C'est le besoin du crédit qui oblige les gouvernements à ménager l'opinion publique ; et, de même que le commerce a civilisé les nations, le crédit, qui en est une conséquence, a rendu nécessaires des formes constitutionnelles quelconques, pour assurer la publicité dans les finances, et garantir les engagements contractés.

Madame de Staël
Considérations sur les principaux évènements de la Révolution française (1818)

Table des matières

sidé à la construction des systèmes financiers modernes permettant une gestion de dettes publiques parfois considérables.

Le premier chapitre aborde la question de l'apparition et de l'évolution des dettes publiques à long terme des Républiques de Venise et de Gènes au XIIe siècle. Aux emprunts forcés à l'origine, se sont substituées des dettes perpétuelles qui ont été de plus en plus souvent souscrites volontairement, devenant ainsi des produits financiers majeurs et rentables, mais risqués comme le montre la riche histoire des défauts.

Le deuxième chapitre s'intéresse au cas de l'endettement exceptionnel des Provinces Unies (dépassant parfois 200% du PIB) grâce auquel ce pays put acquérir son indépendance après quarante années de guerres de libération et défier ensuite avec succès les grandes puissances de son temps pour la domination du commerce et de la finance mondiale.

Le troisième chapitre indique comment la France, malgré une instabilité politique majeure, a réussi au XIXe siècle à surmonter les difficultés de financement de sa dette. On met en avant l'importance des innovations institutionnelles qui ont permis une coordination efficace entre le Trésor public, la Banque de France, la Caisse des dépôts et consignations s'appuyant notamment sur le développement national des Caisses d'épargne.

Le quatrième chapitre compare et analyse statistiquement la dynamique macroéconomique des dettes de la France et de l'Angleterre au XIXe siècle en montrant comment la croissance, l'inflation et la rigueur budgétaire se sont combinées pour assurer la résilience de la dette.

Le cinquième chapitre compare les stratégies de financement de la Première Guerre Mondiale élaborées au jour le jour par la France, le Royaume-Uni et l'Allemagne entre

emprunts à long terme et à court terme, entre impôts et inflations qui repoussent à l'extrême les limites du financement de la guerre.

Le sixième chapitre analyse les erreurs dramatiques commises par le Royaume-Uni, la France, l'Allemagne et les Etats-Unis dans la gestion des dettes de guerres, avec une analyse particulière du cas de l'Allemagne jusqu'à la « solution » nazie.

Le septième chapitre appréhende la question des dettes dans l'ensemble des pays développés sur une période allant de l'après-guerre à la pandémie. On passe de la réduction des dettes énormes héritées de la Seconde Guerre Mondiale (1945-1973), à leur remontée progressive, à la suite des deux chocs pétroliers, puis brutale en 2008 pour faire face à la crise financière mondiale dite des *subprimes,* puis en 2020-2021 pour limiter les effets de la pandémie. On montre comment le ralentissement tendanciel de la croissance dans les pays développés s'accompagne de la baisse des taux d'intérêt, facilitant la gestion des dettes.

Enfin, *last but not least*, le dernier chapitre s'attache à l'avenir en intégrant notamment les conséquences de l'agression russe contre l'Ukraine et de l'urgence climatique. De fait nous avons changé de monde en 2022 : à l'économie d'abondance succède une économie où les raretés se multiplient, où les sanctions économiques et la course au progrès technique redeviennent des armes de la puissance, où les inégalités se sont exacerbées; le retour en force des États s'impose et le libéralisme recule partout.

Chapitre 1
La dette publique perpétuelle inventée au XIIe siècle par les cités-États italiennes

La révolution financière c'est « l'établissement d'une dette publique, nationale, financée, permanente, composée d'annuités ou de rentes perpétuelles négociables »[4], elle précède de plusieurs siècles la révolution industrielle et la rend possible pour en financer les investissements. Les économistes s'accordent pour faire de la dette publique, grâce à son ampleur, à sa soutenabilité et à sa liquidité, le cœur des systèmes financiers modernes[5].

Cette innovation majeure apparaît en Europe au XIIe siècle avec la création par les cités-États italiennes de la dette publique perpétuelle et de la rente qui lui est associée. Le capital emprunté par les cités n'est pas remboursable sauf si l'emprunteur en décide autrement. C'est un placement à revenu fixe, du moins en théorie, car souvent l'État lance en urgence au début des guerres des emprunts à court terme et à des taux d'intérêt élevés ; une fois la paix revenue, l'État cherche à consolider ces dettes à court terme en dette perpétuelle et à des taux réduits, ce qui est une forme de défaut partiel. La dette publique c'est aussi la création de

---

[4] J.H. Munro. 2013. *Rentes and the European "Financial Revolution"*. Chapitre 23 du *Handbook of Key Global Financial Markets, Institutions, and Infrastructure*. Elsevier

[5] Le montant des dettes publiques mondiales atteignait en 2021 100% du PIB mondial.

titres financiers ayant une valeur légale qui va servir de plus en plus souvent de collatéral à leur détenteur pour garantir de nouveaux emprunts privés. Ce qui permet de multiplier les titres financiers en circulation et d'accroître ainsi les liquidités disponibles sur le marché.

Le recours à la dette perpétuelle répond à des dépenses soudaines et urgentes ; ces dépenses seront souvent qualifiées de dépenses extraordinaires par opposition aux dépenses ordinaires qui doivent être financées avec des ressources ordinaires (comme les revenus du domaine de l'État et les impôts). Les cités s'endettent pour financer une guerre ou pour développer leurs infrastructures (remparts, routes, canaux, etc.). Elles reçoivent un capital en échange duquel elles payent une rente dont le paiement sera assuré grâce à la victoire et/ou aux produits fiscaux à venir (péages par exemple). C'est une avance sur recettes plus ou moins sûres, un pari sur l'avenir.

Deux évolutions s'imposent progressivement : création d'un marché boursier pour échanger ces titres entre particuliers selon leurs besoins en liquidité. La cotation de ces dettes sur le marché donne une indication de la qualité du crédit public. La seconde évolution apparaît au XVe siècle lorsque la souscription devient volontaire. C'est la preuve que la rente devient un produit financier intéressant pour les épargnants, d'où la naissance du personnage du « rentier », littéralement celui qui vit de ses rentes, cher à la littérature du XIXe siècle. Sa disparition est l'effet de la Première Guerre Mondiale qui provoque une inflation galopante qui ruine les détenteurs de revenus fixes (qualifiée d'« euthanasie des rentiers »).

Les cités-États italiennes, Venise et Gènes notamment, sont les premières à recourir à grande échelle à l'endettement public pour défendre, les armes à la main, parfois l'une contre l'autre, leur monopole sur le commerce méditerranéen. Le commerce international est la source principale de la richesse des cités. Cette richesse se concentre entre les mains de quelques grands marchands qui, accumulant de larges profits, deviennent des banquiers. C'est une oligarchie de marchands qui dirige la cité et prend les grandes décisions, notamment celles de faire la guerre et de la financer. C'est aussi cette oligarchie qui contrôle les dépenses publiques et s'efforce d'éviter les défauts de paiement qui se feraient à leurs dépens.

1. La dette vénitienne

Des emprunts forcés aux emprunts volontaires

La cité de Venise s'est développée à partir du VIIIe siècle en choisissant de se mettre sous la tutelle de Byzance plutôt que sous celle de Rome trop proche à son goût. Son dynamisme commercial à partir de la seconde moitié du XIIe siècle provoque une série de conflits avec son tuteur pour le contrôle du commerce en Méditerranée orientale. Dès 1164 un premier emprunt volontaire avait été souscrit par douze familles parmi les plus riches de Venise pour soutenir la présence des marchands de Venise à Byzance. Un autre emprunt est levé en 1167, il s'agit d'un impôt forcé prélevé sur plus de quatre-vingt-dix familles, et cette fois la municipalité s'engage à ne pas lever d'autres emprunts dans les deux ans à venir[6]. La première référence historique archivée est celle de la déclaration du Grand Conseil de Venise faite en 1171, qui impose un emprunt forcé rémunéré à 5 %[7], pour financer une expédition punitive contre l'empereur byzantin Manuel Ier, qui maltraite les citoyens vénitiens

---

[6] James Macdonald. 2003. *A Free Nation Deep in Debt, the Financial Roots of Democracy*. Fakkar, Straus and Giroux, New York. Pages 73.

[7] Le recours à un taux de 5% se retrouve fréquemment utilisé dans l'histoire. Déjà les romains avaient fixé le taux d'usure à ce taux qui correspond aussi au taux considéré comme équitable de la rente foncière.

présents à Byzance. Ils seraient plus de dix mille, ce qui illustre à la fois la densité de l'intégration commerciale internationale et l'importance commerciale de Byzance qui est située au carrefour du Moyen Orient, de l'Europe centrale et de l'Europe de l'Ouest. Manuel Ier a pour ambition, à la faveur de la seconde croisade, de rétablir la domination totale de Byzance sur la Méditerranée et la mer Noire, ce qui met les intérêts commerciaux des Vénitiens en danger.

La seconde dette connue fut celle que Venise, sous la direction du Doge Enrico Dandolo, contracte en 1202 pour mener le siège de Zara (Zadar) et s'emparer de ses salines. C'est un emprunt forcé qui est financé par la promesse de consacrer les recettes du monopole du sel à son remboursement. En 1204 la quatrième croisade est en partie financée par Venise qui finance le transport des croisés sur ses navires par la promesse du pillage de Byzance.

À partir de 1207, les prêts suivants sont des emprunts forcés dont le montant est fixé en fonction de la capacité à payer de chacun[8]. Cette capacité est déterminée à la suite du recensement des richesses des citoyens de Venise. Progressivement un système de gestion de la dette se met en place entre 1207 et 1262, date où la dette devient, de fait, perpétuelle[9] : fixation du niveau de l'emprunt dû en proportion de la richesse du citoyen, fixation à 5 % du rendement des prêts, choix des revenus fiscaux affectés au paiement des rentes, caractère non remboursable des prêts, sauf si l'emprunteur (la municipalité) le décide, établissement

---

[8] Les déclarants n'ont pas intérêt à trop sous-estimer leurs richesses car de celles-ci dépend l'octroi des droits de posséder des bateaux et de participer au commerce.

[9] Pezzolo, Luciano. 2003. *The Venetian Government Debt, 1350-1650*. In *Urban public debts, urban government and the market for annuities in Western Europe (14th-18th centuries*, pages 61–74. Et Kenneth S. Rogoff, Barbara Rossi, and Paul Schmelzing. 2022. *Long-Run Trends in Long-Maturity Real Rates 1311-2021*. NBER Working Paper No. 30475.

d'une caisse d'amortissement pour racheter éventuellement les dettes et les annuler, etc.

En 1262, toutes les dettes de Venise sont consolidées en un seul fonds nommé le *Monte Vecchio,* désignant une « montagne de dettes », avec un taux d'intérêt fixé à 5 % par an payable en deux fois. Deux siècles plus tard le Conseil décide la création du *Monte Nuovo* en 1482, du *Monte Nuovissimo* en 1509, et enfin du *Monte del Subsidio* en 1526. 1526 marque la fin du recours aux emprunts forcés pour les remplacer par des emprunts volontaires. Le remboursement du prêt et des intérêts est gagé sur des ressources publiques. Le *Monte* est géré par un groupe de huit commissaires élus par les prêteurs chargés de défendre leurs intérêts. Ils forment la *Camera degli Imprestiti* ou Chambre des prêts, chargée de tenir le livre de compte des différentes opérations de paiement des intérêts et des remboursements, s'il y en a.

Apparition du « marché secondaire » de la dette

Très vite, on ne connaît pas vraiment la date car aucun règlement ne le prévoit explicitement, apparaît une sorte de marché secondaire des titres de la dette. C'est-à-dire que l'on peut revendre les titres de rente dont on dispose. C'est un moyen de rendre liquide un actif qui ne l'est pas. Cette pratique apparaît aux environs de 1262[10]. Le marché secondaire de la dette révèle la nature ambivalente de l'emprunt forcé : ce n'est pas un impôt direct, mais il n'est pas remboursable, sauf décision contraire de l'emprunteur, en revanche on peut le revendre, mais il n'y pas de garantie de parité, on peut donc perdre de l'argent : la perte est, si l'on veut, la part de l'impôt direct.

Les prêts quand ils sont amortis, c'est-à-dire remboursés par la ville en période de paix, le sont à parité jusqu'en

[10] James Macdonald page 74. C'est à vrai dire une pratique encore exceptionnelle et délicate qui se fait devant notaire et donne lieu à des écritures.

1363, puis les remboursements deviennent de plus en plus rares. De 1262 à 1380 les intérêts de 5 % sont payés très régulièrement, et la valeur de ces titres sur le marché secondaire demeure élevée, entre 70 et 90 % du par. En 1344 les nombreuses faillites bancaires et les rachats de dettes opérés par la municipalité font monter la valeur de ces titres de dette, qui semblent plus sûrs pour les épargnants, à plus de 100 % de leur valeur nominale.

Les crises de la dette à Venise

La guerre décisive contre Gènes pour le contrôle du commerce méditerranéen dura, à son apogée, de 1378 à 1381. Venise faillit perdre la guerre à la bataille de Chioggia - une île proche de Venise qui la protège des attaques venant de la mer. L'île est envahie vers la fin de la guerre par la marine génoise menaçant en vain la survie de Venise. La conséquence de la défaite génoise est le partage de facto de la mer Méditerranée entre les deux puissances : la Méditerranée orientale et ses épices reviennent à Venise tandis que Gènes contrôle la Méditerranée occidentale et le trafic d'or avec l'Afrique et l'Europe atlantique et plus tard l'argent des Amériques pour le compte des Espagnols.

Cette guerre a mis à mal pour longtemps les finances de Venise et de Gênes. Les emprunts forcés se sont accumulés, la dette de Venise atteint vers 1381 quatre millions sept cent trente mille ducats. On évalue le prélèvement sur les familles vénitiennes qui supportent ces emprunts à 41 % de la valeur déclarée de leur patrimoine[11], soit selon Mueller[12] à environ 24 % de leur patrimoine réel (à Venise comme ailleurs les citoyens sous-estiment délibérément leur patrimoine). Pour faire face à leurs obligations de souscrire à ces

---

[11] James Macdonald op.cit. Pages 72-77.

[12] Reinhold C. Mueller. 1997. *The Venetian Money Markets, Panics and the Public Debt, 1200-1500*. Vol. II. Of *Money and Banking in Medieval and Renaissance Venice*. John Hopkins University Press.

emprunts forcés, certaines des familles les moins riches sont contraintes de vendre leurs titres anciens de dette à des prix très fortement dépréciés, des deux tiers environ, pour souscrire aux nouveaux emprunts.

Tout le monde ne perd pas à ce jeu. Le marché secondaire de la dette va devenir très attractif pour les plus riches Vénitiens et pour quelques rares investisseurs étrangers privilégiés comme les Florentins dont les affaires sont étroitement liées à celles de Venise. Ils rachètent des titres parfois à la moitié de leur valeur tout en conservant leur droit à percevoir la même rente qui est fixe, et atteignent de cette façon, de manière détournée mais bien réelle, un rendement supérieur à 10 %. Cette pratique va soulever de nombreuses controverses et les gestionnaires du *Monte* vont tenter de trouver des parades, mais aucune ne sera vraiment efficace, notamment du fait de la détérioration générale des conditions de rémunération de la dette publique.

Le cumul des dettes finit par accroître le paiement des rentes et la cité doit emprunter pour assurer le service de sa dette, ce qui est le cas des dettes qui deviennent insoutenables et conduisent au défaut. De fait le paiement des rentes est suspendu en 1378, puis réduit d'autorité à 4 %, puis à 3 %. Gênes subira la même restructuration de sa dette.

En 1482 la valeur de la dette tombe à quelques pourcents, elle doit être abandonnée, à la fin tout le monde y a perdu. Les Vénitiens créent alors le *Monte Nuevo* qui ne durera que 27 ans (comparés aux 280 années d'existence du *Monte Vecchio*), et le *Monte del Subsidio* qui aura une durée de vie encore plus réduite de 17 ans. Cette forme de financement a donc atteint ses limites,

En tant que telle la dette publique devient un instrument de placement financier et de moyen de paiement pour les transactions entre marchands. La Chambre des prêts (*Camera degli Imprestiti)* peut à l'occasion acheter des lettres de change et les revendre, ce qui donne à ses lettres une valeur supplémentaire, car elles sont en quelque sorte garanties. On découvre alors qu'elle développe l'escompte des billets de commerce et devient de fait une banque d'escompte (*discount banking*). En 1423 un décret impose que le paiement de toutes les lettres de change se fasse par l'intermédiaire de la Chambre des prêts. Les marchands placent leur argent en dépôt à la banque pour la sécurité qu'elle offre, ils règlent leurs affaires en effectuant des virements de compte à compte, les marchands sont ainsi incités à avoir un compte ouvert dans cette banque. Cette pratique est ensuite légalisée puis rendue obligatoire pour le règlement de toutes les lettres de change, y compris pour les étrangers. De plus la banque fait crédit aux déposants sous forme de lettre écrite et ces écrits, garantis par la banque, deviennent une véritable monnaie de papier.

2. Gênes et la finance internationale

Les finances publiques de Gênes empruntent les mêmes chemins que ceux de Venise, tantôt la précèdent, tantôt la suivent. À Gênes le premier emprunt public apparaît vers 1150, c'est un emprunt forcé. À l'origine ces prêts étaient contractés pour 29 ans sur le modèle des crédits fonciers (le propriétaire de la terre donne au fermier le droit de cultiver sa terre pendant 29 ans en échange du paiement annuel d'une rente, le contrat est en général reconduit et devient perpétuel). Vers 1200 les emprunts publics sont répartis selon les données du recensement des patrimoines et sont associés à un taux d'intérêt fixe sans remboursement. En 1257-1259 les dettes de la cité sont consolidées à un taux de 8 %, en 1262 la cité perd le droit de racheter sa dette par préemption. Le marché de la dette secondaire est libre[13]. La

[13] Et en 1263 les cours de la dette sont valorisés à 110,5, soit nettement audessus de leur valeur faciale.

différence avec Venise, c'est qu'à Gênes les emprunts de la Commune deviennent rapidement volontaires. Lorsque l'emprunt est volontaire le service de la dette est associé à un revenu public pour couvrir le paiement des intérêts. Il s'agit en quelque sorte d'une privatisation d'un revenu public. Chaque prêt a sa personnalité légale et est géré par des administrateurs élus (trustees).

En temps de paix, comme en 1350, les budgets sont équilibrés mais le poids des emprunts passés est très élevé : les charges ordinaires de la cité se montent à 500 000 lires par an[14], y compris 300 000 lires d'intérêts sur la dette, tandis que les revenus atteignent 300 000 lires d'impôts indirects (gabelles), 100 000 lires sont liées au trafic commercial, 50 000 lires sont des impôts directs et 13 000 lires des impôts fonciers. Comme à Venise les impôts directs sont très peu populaires et ne couvrent au maximum que le dixième des dépenses de la Commune, ce sont les impôts indirects et portuaires qui assurent l'essentiel des revenus[15].

Les emprunts publics volontaires à Gênes s'appellent des *compere,* i.e. achats, et les revenus publics associés donnent le nom du *compera, compera salis* pour les taxes sur le sel, ou encore sur les revenus des colonies comme les *compera de Corse* par exemple. Ces emprunts sont vendus aux plus offrants. Ceux-ci peuvent s'associer en syndicats de prêteurs pour atteindre les sommes levées. Chaque part doit être au minimum de 100 lires –mais elles peuvent ensuite être divisées, ce qui élargit la base du financement aux petits épargnants. Ces parts peuvent être revendues devant notaire sur le marché libre. Chaque participant reçoit une

---

[14] La lire contient à cette époque environ 39,4 grammes d'argent, les dépenses représentent alors 19,7 tonnes d'argent ; soit quatre cent mille ducats. Note sur la monnaie : une lire égale 39,4 grammes d'argent ou 0,80 ducat qui pèsent 3,5 grammes d'or, soit un ratio or argent de 14,1.

[15] Évaluations grossières proposées par Jacques Heers. 1971. *Gênes au XVème siècle*. Flammarion, d'après sa thèse publiée en 1961 aux éditions SEVPEN. Page 112.

part des rentes versées -*luoghi*- en fonction de sa contribution. La municipalité confie la gestion de ces revenus à des fermiers-percepteurs qui doivent assurer le paiement des rentes fixes à leurs risques et périls.

Ce système d'emprunt est nécessairement très hétérogène tant par les sommes concernées que par les conditions du prêt. En particulier en période de crise aigüe, les emprunts sont de nouveau des emprunts forcés, mais leur rendement est particulièrement favorable aux prêteurs, du coup, le péril passé, la municipalité impose une consolidation de la dette. Ainsi après les victoires contre Venise entre 1294 et 1299, les dettes sont consolidées à 6 %. Cependant, comme à Venise, ce système d'emprunt forcé en temps de guerre aggrave les inégalités sociales : les moins riches sont contraints de revendre leurs titres de dettes aux plus riches qui les rachètent à vil prix. Cette situation conduit à des révoltes populaires qui réclament l'abolition du système en faveur d'impôts directs non remboursables.

En 1340 après une période de guerre civile, la dette est consolidée à des conditions drastiques: la dette nominale de deux millions quatre cent mille ducats est ramenée à huit cent trente-deux mille ducats et à une rente de soixante-quinze mille ducats (9 %). Malgré le recours à cette conversion, Gênes se retrouve régulièrement en graves difficultés, le service de sa dette atteint la totalité de ses revenus alors que pour Venise cette charge n'en représente que 50 %. À partir de sa défaite à Chioggia en 1381, Gènes, pour rétablir ses comptes, renonce à concurrencer Venise dans la Méditerranée orientale. Gènes accepte la protection de puissances continentales, de la France puis de l'Espagne. Grâce à sa soumission à l'Espagne, les financiers génois seront associés étroitement à la gestion des finances espagnoles et notamment à celle des trésors des Amériques, ce qui fera leur fortune.

Début XVe naissance à des banques publiques[16]

La gestion des dettes publiques devient une activité majeure et comme les banques privées paraissent très fragiles, la création d'une banque publique pour gérer la dette s'impose. Différents essais de création de banques publiques eurent lieu dès les débuts du XVe siècle, ces banques ont la particularité de gérer les recettes fiscales et la dette publique des municipalités ; elles font des avances au pouvoir politique pour le financement des guerres ; elles sont aussi autorisées à recevoir les dépôts des banquiers privés à la recherche de sécurité ; elles assurent un rôle de stabilisateur financier. Mais dans un premier temps elles ne sont pas autorisées à concurrencer les banques privées et les changeurs de monnaie, ce qui limite leur expansion.

La faillite de la quasi-totalité des banques privées vénitiennes, à la suite de la crise de 1499-1500, provoque leur disparition. On assiste à des phénomènes similaires dans toute l'Europe, sauf en Espagne et à Anvers. Cette disparition met en difficulté les marchands qui étaient habitués à effectuer de nombreux règlements en recourant aux transferts bancaires. Pour pallier cette contrainte ils développent la pratique de l'endossement des titres de dettes commerciales, puis ils en font l'escompte ; ce qui ne sera légalisé par les tribunaux qu'au XVIe siècle. Cette solution s'avère inadéquate par rapport au volume croissant des échanges.

Le Sénat vénitien finit par créer la *Banco de la Piazza di Rialto* en 1587 qui peut recevoir des dépôts et opérer des transferts entre comptes à la demande des dépositaires, elle peut aussi gérer des changes, mais ne peut faire de crédit. Elle remplit une stricte fonction de service public dans une

---

[16] Raymond de Roover. 1974. *Business, Banking, and Economic Thought in Late Medieval and Early Modern Europe.* The University of Chicago Press. Chapter V. *New Interpretations of the History of Banking*. Pages 217 et suivantes.

ville de commerce international. Mais cela s'avère insuffisant. C'est alors, en 1619, que fut décidée la création de la *Banco del Giro,* qui se voit attribuer la fonction de créancier de l'État pour un montant initial de cinq cent mille ducats, qui sera relevé rapidement à deux millions cinq cent mille ducats. Au départ la banque joue le rôle de percepteur et ne gère que les comptes des créditeurs de l'État. Ceux-ci sont si nombreux que tous les marchands de Venise voulurent avoir un compte dans cette banque pour pouvoir bénéficier des facilités du Giro. Bien que ne faisant pas de crédit aux particuliers, elle crée des instruments de crédit qu'elle vend aux particuliers pour financer les dépenses. Inévitablement la banque émet trop de papier et se retrouve en difficulté lorsqu'il lui faut faire face aux demandes de liquidités des particuliers. Le gouvernement choisit alors de suspendre la convertibilité de la monnaie de banque et la déprécie, marquant le déclin de Venise.

À Gènes : La *Casa di San Giorgio*[17] et le citoyen créditeur de l'État

L'instabilité politique qui règne à Gènes contrairement à Venise devait rendre les citoyens très méfiants à l'égard des finances publiques. Pour remédier à cette situation qui menace à la fois la survie de la cité et le patrimoine des riches, la solution c'est la prise de pouvoir des créanciers privés sur la gestion de la dette publique. Ainsi est décidée la création d'un organisme unique chargé de gérer les intérêts collectifs de tous les créanciers. La *Casa di San Giorgio* est créée en 1407 à l'occasion d'une nouvelle consolidation de toutes les

[17] C'est grâce à un fonds d'archives exceptionnelles que les économistes ont pu analyser le rôle de la Casa di San Giorgio dans l'économie génoise. Cf. Giuseppe Felloni. 2005. *Genova e la storia della finanza: une serie di primati, (Genoa and the History of Finance: a Series of Firsts?).* Banco di San Giorgio, Genova. Voir aussi Macdonald op.cit. pages 94-99, et Luca Parisoli. 2006. *La « Casa di San Giorgio », une autorité de régulation dans les villes communales médiévales italiennes.* Revue Droit et cultures n° 52.

dettes créées depuis 1340. Son capital initial est de deux millions trois cent mille ducats, le plus important de tous les syndicats de dette existants. Dès 1454 la Casa a progressivement absorbé la quasi-totalité des emprunts existants. Elle collecte toutes les taxes, gère les salines, la frappe monétaire, et gouverne les territoires extérieurs de la cité (Corse, Chypre et les comptoirs de la mer Noire). Elle a aussi le pouvoir de faire torturer les fraudeurs du fisc et de juger les fermiers des impôts. C'est un véritable État dans l'État. Le nombre de ses actionnaires est d'environ onze mille individus, soit plus de la majorité de la population mâle adulte de la cité. La Casa est dirigée par des représentants, à parts égales à tous les niveaux, des différents partis politiques, entre pro-impériaux et pro-papistes, et entre toutes catégories sociales –seules les deux grandes familles, les Grimaldi et les Fieschi, en sont exclues pour éviter qu'elles ne mettent la main sur les finances publiques. On aboutit ainsi à une sorte de contrôle démocratique de régulation de l'État par les citoyens créditeurs.

Comment allaient–ils gérer la dette ? De manière surprenante ils vont réussir à réduire considérablement son coût en choisissant pour monnaie de compte la lire génoise en argent, qui ne cesse de se déprécier, alors que Florence et Venise choisissent au contraire la monnaie d'or, le ducat, qui ne se déprécie pas. La dépréciation de la lire atteint 60 % entre 1407 et 1509, de plus les taux d'intérêt sont progressivement réduits à 2,5 %. La perte pour le créancier n'est cependant pas plus forte que celle des créanciers de Venise ou de Florence qui ont subi la débâcle complète de leur *Monte* sur le marché secondaire.

Gênes développe aussi des fonds d'amortissement destinés à réduire la dette (*sinking funds*) dont le prototype a été testé par Francesco Visconti qui achète en 1371 quatre-vingt-dix parts de la *Compera Magna Pacis* pour une valeur de 9 000 lires et en fait don à un fonds d'amortissement à la condition que les intérêts versés, d'environ 7 % par an, soient destinés à racheter de nouvelles parts de la *Compera* ; tant et si bien qu'en 1454 la totalité de la dette, évaluée à environ un million de lires, a été presqu'intégralement rachetée. Cela représentait presque 12 % de la dette globale de Gènes. De nombreux autres fonds de ce type seront créés, soit pour la réduction de la dette, soit pour financer des institutions charitables. La dette ainsi gérée est un moyen d'éviter les politiques d'austérité qui accroissent la ponction fiscale au profit du Trésor public. De même cela maintient une forte liquidité de l'économie en évitant d'immobiliser des ressources rares comme les espèces réelles.

Une autre innovation de la *Casa* sera de remplacer à partir de 1446[18] le paiement des intérêts dus en monnaie réelle par des titres de papier –en *lire de paghe* ou couponpayables quatre ans après la fermeture du compte. Ces titres sont à leur tour activement utilisés pour régler toutes sortes de transactions commerciales et aussi pour payer les taxes aux fermiers-percepteurs qui les reversent ensuite à la *Casa*. Ce qui permettait de les retirer de la circulation et en fin de compte de ne régler en monnaie réelle que le résidu.

Ainsi, dès cette époque, les Génois utilisent à grande échelle une monnaie de papier. Ce qui fait râler les banquiers allemands qui se plaignent de ne jamais voir la couleur de leur argent. Ces titres se revendent aussi en dessous de leur valeur nominale, ce discount dépendant de la durée à courir du bon et de la situation économique générale dans la cité.

Finalement les taux d'intérêt sur la dette publique baissent à tel point qu'au début du XVIe siècle ils tombent à moins de 4 %, et ainsi Gênes s'endette pour moins cher que Venise. Autre conséquence inattendue à long terme de sa gestion de la dette publique, c'est que lorsque Gênes connaît une phase assez longue de paix au XVIe siècle et qu'elle

---

[18] Pratique qui sera validée par le pape en 146 selon Giuseppe Felloni op.cit.

n'a plus besoin d'emprunter autant, ceux qui détiennent sa dette, notamment les institutions religieuses pour plus de 48 %, n'ont aucune raison de vouloir les vendre, et comme par ailleurs le mécanisme des *sinking funds* continue mécaniquement à réduire le stock de la dette, on aboutit à une raréfaction des titres de dette sur le marché. Ce qui a pour conséquence une flambée de leurs cours sur le marché libre et une réduction supplémentaire de leur rendement. Les délais de paiement furent limités à cinq ans en 1579, et un monopole pour l'achat et la vente de *luoghi* en 1631 fut institué pour limiter la spéculation.

Pour conclure on doit d'abord noter que Gênes et Venise ne sont pas les seules cités à recourir à ces formes de financements à long terme : Florence tout d'abord, mais aussi la papauté et Milan ont développé des systèmes financiers importants[19] ; la seconde remarque c'est que les financiers italiens seront présents dans toute l'Europe et seront souvent les financiers des puissants de leur temps. Les Florentins et les Génois seront les plus actifs et transmettront aussi leur savoir-faire à toute l'Europe. La troisième remarque c'est que les marchés de la dette publique étaient remarquablement liquides : Mueller estime qu'à Venise le volume annuel des transactions sur la dette publique à long terme atteignait 29% du PIB vers 1450.

3. Quand Charles Quint et François 1er adoptent les innovations financières des banquiers italiens

Au XVIe siècle les grands États européens s'affrontent sans relâche : l'empereur Charles Quint, puis son fils Phi-

[19] Barry Eichengreen, Asmaa El-Ganainy, Rui Pedro Esteves and Kris James Mitchener. 2019. *Public Debt through the Ages*. IMF Working Paper n°19/6.

lippe II, combattent tous les autres pays d'Europe et notamment la France de François 1er pour le contrôle de l'Italie, de la papauté, et des Provinces Unies (à l'époque dénommées Pays-Bas espagnols) qui veulent leur indépendance. De plus ils sont sous la menace de l'empire ottoman au faîte de sa puissance. Ils y épuisent leurs « Trésors des Amériques » qui servent de caution à leur endettement. Mais cela s'avère insuffisant. L'Espagne fera quinze fois défaut sur sa dette[20] entre 1500 et 1900 dont quatre fois sous le règne de Philippe II [21]. Décourageant successivement les banquiers catholiques d'Augsbourg (qui sont liés à Venise), de Gènes et puis, pour finir, les banquiers juifs portugais convertis et/ou réfugiés en Hollande, captant et recyclant dans toute l'Europe l'argent des Amériques. De cette façon les guerres et le commerce international participent à l'intégration financière profonde de l'Europe.

La France, de François 1er à la Révolution française, connaît de nombreux cycles d'endettement qui la mènent périodiquement au surendettement, puis à la banqueroute plus ou moins sévère. On compte ainsi plus de 11 défauts de 1558 à 1797: 1558, 1608 (Sully réduction de 50% et baisse

---

[20] Parmi ces défauts certains sont partiels, d'autres sont un moyen de renégocier les conditions financières des emprunts en suspendant pour un temps le paiement des charges d'intérêt par exemple.

[21] De nombreux articles ont proposé leur analyse de la situation de l'Espagne et notamment Mauricio Drelichman, Hans-Joachim Voth. 2007. *The Sustainable Debts of Philip II : A Reconstruction of Spain's Fiscal Position, 1560-1598.* CEPR Discussion Paper No. DP6611. D'où il ressort que les défauts de Philippe II sont d'abord un moyen de renégocier des conditions moins onéreuses de sa dette alors qu'il ne se trouve pas réellement dans l'incapacité d'honorer ses paiements. Cependant à partir de la défaite de l'« invincible Armada » vers 1588, la Castille va se montrer de moins en moins en mesure d'honorer ses dettes. La pénurie de métal précieux sera telle qu'il sera interdit d'utiliser les pièces en argent pour régler les transactions internes et que seules les monnaies de cuivre seront autorisées, un comble pour le pays qui a eu à sa disposition les ressources métalliques les plus abondantes de son époque.

des intérêts des deux tiers), 1624, 1648, 1661 (la dette atteint 50% du PIB)[22], 1701,1715 (la dette atteint 100% du PIB, 6 000 financiers sont traduits devant un lit de justice, 4 410 sont jugés coupables et leurs titres sont annulés), 1720, 1770, 1778, 1797 (les deux tiers de la dette publique sont effacés). Mais à partir de 1797 la France ne fera plus défaut, ce sont les raisons institutionnelles de cette résilience que l'on veut analyser dans le chapitre 3.

Les défauts sur la dette publique, qui étaient pratiques courantes jusqu'au XVIIIe siècle, ont pratiquement disparu de l'arsenal financier des Provinces Unies, comme on va le voir dans le chapitre suivant, de l'Angleterre et même de la France, puis des autres pays développés d'Europe. Mais les défauts restent encore aujourd'hui fréquents dans les pays émergents (crise de la dette en Amérique latine et en Afrique des années quatre-vingt, ou crise asiatique et russe des années 1997-1998 par exemple). Depuis la crise pandémique et la crise alimentaire on assiste à une résurgence des défauts de paiement dans les pays émergents, parfois liés aux financements chinois des routes de la soie (Pakistan et Sri Lanka).

---

[22] James Macdonald. 2006. *A Free Nation Deep in Debt: The Financial Roots of Democracy.* Princeton University Press. P 142-143.

Chapitre 2
Les Provinces Unies inventent la finance moderne

Si les cités-États italiennes ont inventé la dette publique perpétuelle pour assurer leur souveraineté politique et commerciale, les Provinces Unies, héritières des cités-Etat italiennes et des villes de commerce de Bruges et d'Anvers, dominent le commerce maritime mondial au XVIe siècle et inventent la finance moderne au début du XVIIe siècle. Cette ascension économique et stratégique repose sur de solides bases réelles: des innovations majeures notamment dans les pêcheries des harengs de la Baltique et de la mer du Nord, dont les produits sont exportés dans toute l'Europe, et en matière d'élevage et de produits laitiers. L'expérience acquise dans la pêche conduit ensuite au quasi-monopole du transport maritime hors Méditerranée et à la création de la première flotte marine militaire et marchande qui partira à la conquête du monde, etc.

1. L'irrésistible montée de la dette hollandaise

Les Provinces Unies pour obtenir leur indépendance, c'est-à-dire pour s'affranchir de la tutelle espagnole, entament une guerre de quatre-vingts années (1568-1648[23]). Puis, une fois indépendantes, elles affronteront la France de Louis XIV et l'Angleterre notamment pour le contrôle du commerce des Indes. La guerre et le commerce sont au cœur de l'économie néerlandaise. Ce que résume brutalement Jan Pieterszoon Coen[24] gouverneur général de la VOC (Vereenigde Oost-Indische Companie ou compagnie des Indes Orientales) : « On ne peut pas faire la guerre sans le commerce, ni le commerce sans la guerre ».

Pour parvenir à leurs fins les Provinces Unies auront recours massivement à l'endettement public et aux innovations financières. C'est en créant au fil du temps un système financier d'une exceptionnelle efficacité, que ce petit pays est devenu la première puissance maritime et financière d'Europe (et du monde). Ce système financier s'appuie sur quatre innovations majeures :

- La révolution fiscale est réalisée dans les 1540-1570 sous la pression des Habsbourg. Ceux-ci voulant accroître la contribution des villes des Pays-Bas au financement de leur armée d'occupation, imposent une fiscalité centralisée et uniformisée dans tout le pays, au lieu d'un système éclaté entre des municipalités jalouses de leur autonomie.

- La création des premières entreprises à capitaux privés et à durée de vie indéfinie (les « joint-stock compagnies »), telles que la Compagnie des Indes orientales (VOC en 1602), puis celle des Indes occidentales (WIC en 1621) qui

[23] Hormis la trêve de 1609-1621 lorsque l'Espagne part en guerre contre la France et ne peut se battre sur deux fronts. La guerre reprend ensuite deux fois plus violentes.

[24] *Power and Plenty, op. cit.*, page 178, traduction de l'auteur.

sont à l'origine de la création d'un grand marché privé des capitaux, où sont cotées quotidiennement leurs actions.

- La création en 1609 de la Banque d'Amsterdam (la *Wisselbank),* qui est aussi une sorte de banque des règlements internationaux, et qui est à l'origine de la création d'une monnaie de banque internationale fiduciaire et stable pendant plus d'un siècle. Il ne lui manque que le statut de prêteur en dernier ressort.

- La révolution financière proprement dite ou comment, grâce au recours aux obligations à court terme à partir de 1610, qui s'ajoutent aux rentes viagères et à terme, l'épargne privée s'investit librement dans la dette publique et permet son financement à un coût modéré, malgré son envolée; enfin la création, après la grande frayeur de 1672 (attaque simultanée de la France et de l'Angleterre contre les Provinces-Unies), d'un marché secondaire actif de ces obligations qui rend l'ensemble des dettes publiques très liquides.

Tout ceci a été réalisé sans aucun plan préalable, sans que l'on puisse en nommer le père, même si d'illustres personnages ont participé à cette extraordinaire aventure[25]. En fait il s'agit d'une paternité multiple : les banquiers juifs qui ont fui la péninsule ibérique à la fin du XVe siècle, les banques des marchands italiens, autrichiens ou flamands installés à Anvers et qui s'en vont à Amsterdam vers 1585[26], enfin les huguenots français (et calvinistes) qui arrivent

---

[25] Johan de Witt, grand réformateur républicain qui finira lynché par la foule (sous le soupçon alimenté par les orangistes de préférer la France à l'Angleterre), l'Amiral Michael de Ruyter qui mettra à mal la marine anglaise, Jan Pieterszoon Coen gouverneur-général grand architecte de la VOC et massacreur des Moluques, Guillaume d'Orange qui finira roi d'Angleterre pour contrer Louis XIV, et combien d'autres encore.

[26] Oscar C. Gelderblom. 2003. *From Antwerp to Amsterdam: The Contribution of Merchant from the Southern Netherlands to the Commercial Expansion of Amsterdam (c. 1540-1609)*, vol. XXVI, n°3 Review du Fernand Braudel Center, pp247-282.

après la révocation de l'édit de Nantes en 1685. Ces migrants amènent avec eux leurs capitaux, leur savoir-faire et leurs réseaux de partenaires dans leur pays d'origine.

La fiscalité joue un rôle majeur dans la mesure où la soutenabilité de la dette va dépendre d'un consentement à l'impôt le plus élevé d'Europe. Ce consentement résulte du fait qu'aucune classe sociale n'est exonérée, mais aussi de la rigueur de la perception et de son coût réduit (une commission de 1% à 0.5%, ce qui est très faible). La contribution des riches est loin d'être négligeable grâce à l'établissement d'un cadastre précis de la propriété foncière et la connaissance des revenus qui permettent d'établir l'assiette des impôts. Souvent lorsque l'urgence se fera sentir les autorités choisiront de recourir aux impôts directs plutôt que de faire appel aux emprunts forcés : car cela coûte moins cher (ils ne sont pas remboursables), et ça évite de faire monter les taux d'intérêts. Enfin l'expansion économique exceptionnelle au XVIIe siècle assure mécaniquement des revenus fiscaux croissants.

Cette base fiscale permet de soutenir une dette publique colossale pour financer des guerres sans fin. Le niveau atteint par le stock de la dette semble insoutenable dès le milieu du XVIIe siècle (environ 75% du PIB ; graphique 1) et pourtant il croît encore plus dans les années 1700-1721 pour se stabiliser à un niveau proche en moyenne de 170% du PIB entre 1721 et 1790. Même si ces données sont très imparfaites les ordres de grandeur ne sont pas discutables[27].

[27] C'est finalement sous l'occupation des Pays Bas par Napoléon que celui-ci décide de l'abolition de la dette pour pouvoir financer la présence de ses troupes. Le rétablissement de la monarchie d'Orange après la chute de Napoléon aura la velléité de reprendre cette dette mais n'y parviendra pas.

Graphique 1 Dette publique de la Hollande (ratio en % du PIB)

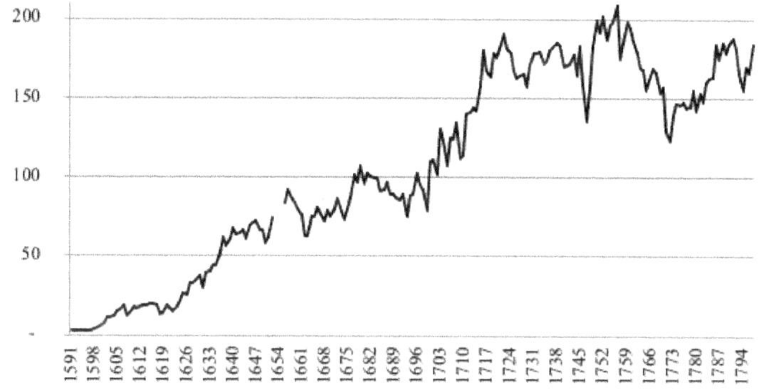

Sources: pour le PIB Jan van Juiten op cit et pour la dette European State Finance Data Base; calculs de l'auteur

Financement de la dette

Pour financer leur dette les Provinces Unies ont tout d'abord recours à des emprunts forcés (comme c'était le cas dans les cités-États)[28]. Deux sortes de titres de rentes à long terme sont émises : les rentes viagères et les rentes perpétuelles (*losrenten*) qui sont nominatives, elles peuvent donc être taxées, et le sont de temps à autre, en cas de besoin. Elles sont initialement émises à des taux élevés de 8 à 10%, mais ces taux baisseront rapidement grâce d'une part à la grande crédibilité acquise au fil du temps et à l'abondance de l'épargne disponible. Ces titres représentent 88.8% de la dette en 1591 (graphique 2). Ces rentes sont gagées sur des ressources fiscales qui en garantissent le paiement. Une troisième source est utilisée, qui sera tout d'abord considérée comme un expédient (entre 1591 et 1610 elle représente entre 10 et 20% de la dette) : ce sont des obligations à court terme (de six mois à un an), qui ne sont pas nominatives, ne

[28] Oscar Gelderblom and Joost Jonker. 2010. *A Conditional Miracle. The Market Forces That Shaped Holland's Public Debt Management, 1514-1713.*

sont pas taxées et offrent une grande liquidité[29] au contraire des titres à long terme. Ce sont des prêts libres et sont donc rémunérés en fonction de l'état du marché. Des dizaines de milliers de citoyens y ont recours pour placer leur épargne. Cette pratique permet d'étendre et d'approfondir les marchés financiers, de les rendre plus résilients. Cela permet *in fine* d'accroître les investissements et d'accélérer la croissance économique. Le PIB par habitant des Provinces dépasse du XVIIe au XVIIIe celui des grandes puissances de son temps. Ces types de crédit à court terme sont aussi le signe de la fin officielle de l'interdiction du prêt à intérêt.

La diffusion des titres de dette est entre les mains des receveurs généraux[30] qui d'abord souhaitent avoir un contrôle étroit sur la gestion de la dette et préfèrent émettre des titres à long terme (rentes viagères, rentes perpétuelles). Les titres à court terme ne servent que pendant les périodes d'urgence. Ainsi ces titres à court terme disparaissent pratiquement de 1610 à 1627, période de la trêve avec l'Espagne qui pousse les autorités hollandaises à se désendetter en commençant par ne pas renouveler ces titres.

La reprise de la guerre avec l'Espagne et l'expansion internationale agressive des Pays-Bas entraînent un nouvel envol des dépenses militaires et la réapparition de l'endettement à court terme. Sa part dans le stock de la dette dépasse 60% à partir de 1645 environ et va jusqu'à atteindre 80% ensuite jusqu'en 1793. Non seulement la dette continue de s'accroître mais, le plus étonnant, c'est que les taux

---

[29] D'emblée on remarque que les Provinces-Unies procèdent à l'envers des souverains espagnols : rappelons que ceux-ci, sûrs d'eux-mêmes, commencent leurs emprunts sous forme de crédits à court terme, puis se révélant incapables d'en assurer le service, imposent une consolidation de cette dette et sa transformation en titres à long terme. Le coût (les rentes versées) en reste exorbitant pour la royauté comme souvent pour les financiers.

[30] Les receveurs font partie des grandes familles riches des Provinces et se transmettent souvent leurs charges au sein du groupe familial, les faibles commissions leur permettent néanmoins de s'enrichir car les volumes émis sont considérables pour l'époque.

d'intérêt sur la dette baissent assez régulièrement, de 8% en 1595 à 2% en 1692 (tableau 1) en dehors des périodes de fortes tensions ; comme lors de l'attaque simultanée de la France et de l'Angleterre en 1672.

Graphique 2 Répartition des titres de la dette publique 1591-1720

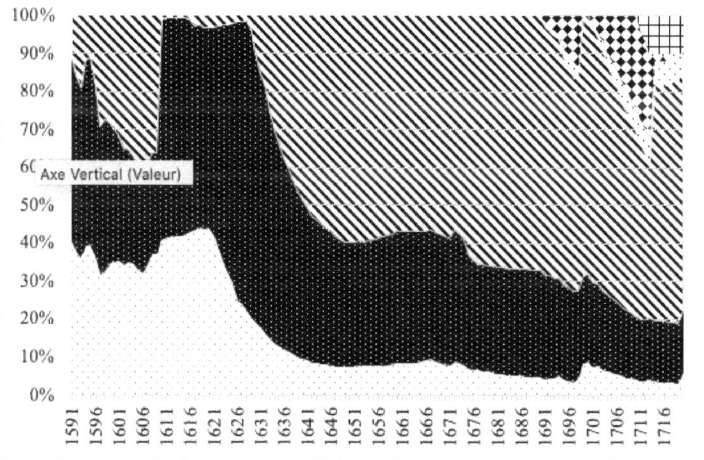

De bas en haut en 1591 : Rentes viagères (40%), Rentes perpétuelles (*losrenten*) (48.8%), Obligations (10.2%), puis à partir de 1691 : Rentes viagères remboursables, Obligations détaxées, Loteries.

Source: Oscar Gelderblom, Joost Jonker. 2011. Public Finance and Economic Growth: The Case of Holland in the Seventeenth Century. The Journal of Economic History 71(01):1-39

Tableau 1 Evolution des taux d'intérêt sur les rentes hollandaises						
1595	1608	1648	1958	1688	1692	1720
8.2	6.2	5.0	4.0	3.0	2.0	2.5
Source: Oscar Gelderblom, Joost Jonker. 2010 op.cit.						

À partir de 1672 création d'un marché secondaire de la dette

Si les Provinces-Unies prennent le risque de s'endetter massivement à court terme c'est tout simplement qu'elles n'ont presque jamais manqué de liquidités - les premières années qui ont suivi la déclaration d'indépendance mises à part - grâce à l'abondance de l'épargne privée disponible qui est à la recherche d'emplois sûrs et rentables. Cette abondance est évidemment liée à l'activité commerciale internationale des marchands hollandais.

L'agression coordonnée franco-britannique de 1672 est l'occasion d'une innovation majeure : l'émission d'obligations au porteur (anonymes) et la création d'un marché secondaire de la dette publique qui permet de revendre ou de racheter à tout moment ces titres de dette. Ainsi les gens riches ont-ils la faculté d'utiliser leurs excédents financiers en placements rentables, liquides et sans risques (ou presque !). L'abondance d'épargne explique aussi que les obligations sont pour la plupart renouvelées quasi automatiquement, une ou deux fois par an selon les cas. Ces obligations connaissent une très large diffusion auprès de la population et des institutions à vocation charitable (aides aux orphelins, aux veuves, aux invalides, aux vieillards etc.).

Cependant l'accumulation des dettes finit par avoir des effets pervers comme la montée de la part des intérêts dans les dépenses de l'État, ces intérêts atteignent près de 50% des recettes du budget de l'État dans la seconde moitié du XVIIe siècle. Autre conséquence de ces innovations, la financiarisation accélérée de l'économie hollandaise et le recul relatif des activités productives.

2. 1609 création de la *Wisselbank* et stabilité monétaire

Au début du XVIIe siècle, les Provinces-Unies sont à la fois une économie extravertie, une économie en guerre permanente et une économie surendettée ; en dépit de nombreuses périodes de tensions extrêmes, le pays connaît une grande stabilité monétaire, et devient le premier centre financier international. Il ne fera jamais défaut sur sa dette publique avant la Révolution française. Cette performance repose aussi sur la mise en place d'une institution exceptionnelle, la banque des règlements du commerce, la *Wisselbank* d'Amsterdam, qui va remplir les fonctions suivantes : assurer la stabilité de la monnaie, ce qui favorise le développement des relations entre prêteurs et emprunteurs, monopoliser les règlements financiers intra-européens et créer une monnaie internationale. Alors que la Banque n'intervient pas directement dans la gestion de la dette publique son existence même assure un degré élevé de confiance dans la stabilité de la monnaie qui est à la base de toutes les transactions et assure un niveau de liquidité élevé dans le marché.

Avant la création de la *Wisselbank* la confusion monétaire était à son comble à la fin du XVIe siècle et au début du XVIIe siècle. L'insuffisance de métal et de la production de monnaie, toujours en retard sur le développement du commerce, contraignait les marchands à utiliser de multiples monnaies étrangères qui étaient présentes en très grand nombre sur son marché intérieur. On comptait entre huit cents et mille types de monnaies différentes. Cette situation faisait la fortune des *kassiers*, qui étaient spécialisés dans le change des monnaies, et qui étaient aussi parfois des banquiers. La frappe de monnaie locale était elle-même éclatée entre plus de quatorze Hôtels des monnaies (huit sont provinciaux, six sont municipaux). La technique de frappe y était encore à l'époque si peu précise que la qualité des monnaies en circulation en pâtissait.

Pour lutter contre la pénurie de monnaie, les autorités ont eu tendance à réduire le contenu des monnaies en métal précieux. Ainsi le contenu métallique du Guilder baissait en moyenne d'un pour cent par an entre 1517 et 1617. Cette pratique est favorable au fabricant des « monnaies légères » et au débiteur ; elle est défavorable au prêteur qui risque la faillite. Cette pratique introduit une incertitude majeure dans les relations commerciales.

Pour remédier à cette situation la municipalité d'Amsterdam prend en 1609 l'initiative de créer une banque publique de dépôt, de transfert et de change, la *Wissenbank*, sur le modèle de la *Banco de la Piazza di Rialto*. Dès sa création elle a pour rôle de récolter toutes les monnaies en circulation, de les expertiser, d'en proposer un prix non discutable, établi sur la base de la valeur intrinsèque (contenu en métal pur) de la monnaie[31], puis de les retirer du marché. Elle as-

[31]Les réformes de 1691 et 1694 imposent la centralisation de la frappe de monnaie, puis décident de la frappe d'une pièce de monnaie, le ***Guilder,*** monnaie d'argent équivalente à la monnaie de compte, dont le contenu en métal sera dès lors stable ou presque, éliminant en partie le fossé séparant monnaies réelles et monnaies virtuelles, par le prélèvement d'un agio. Par ailleurs les Provinces-Unies frappent des monnaies fortes pour le commerce au loin, le ***leeuwendaalde,*** première monnaie d'argent de la rébellion frappée en 1575, utilisée pour

sainit ainsi la circulation monétaire. Par ailleurs les autorités imposent que toute transaction commerciale supérieure à six cents florins se fasse par l'intermédiaire de la Banque. Progressivement celles-ci imposent un système monétaire européen unifié et centralisé autour d'une seule monnaie, la monnaie de banque.

Les marchands y déposent leurs espèces inemployées et reçoivent en change un reçu. Ces reçus deviennent le moyen préféré de règlement des transactions entre commerçants dans la mesure où ils sont immédiatement crédités ou débités de leurs paiements dans une monnaie de banque fiable. De cette façon les paiements deviennent quasi anonymes, un même marchand peut gérer simultanément de multiples affaires avec de multiples clients sans plus se soucier de la qualité du partenaire pourvu que celui-ci ait aussi un compte dans cette banque.

La Banque d'Amsterdam est une banque de transfert. C'est-à-dire qu'elle permet par un simple jeu d'écriture d'opérer un transfert d'argent du compte du payeur vers celui du bénéficiaire sans que ce dernier ait à intervenir. En étant la seule banque de transfert, elle oblige quasiment tous les acteurs économiques présents à Amsterdam à disposer de tels comptes. Et, comme elle ne fait pas de crédit, le client est assuré qu'à tout moment la Banque dispose des fonds nécessaires pour retirer toute somme d'argent lui appartenant, même en cas de crise. Ce qui sera vérifié à plusieurs reprises avant la fin du XVIIe siècle.

Dans la mesure où les marchands internationaux utilisent les services d'entrepôt, de transport et d'assurances maritimes de la Hollande, ils ont intérêt à faire appel aux services de cette banque pour régler leurs affaires. Elle leur offre sécurité et rapidité, et comme leurs partenaires sont

---

le commerce avec le Levant, le ***rijksdaalder*** ou Rix-dollar valant 2.5 florins pour les pays du Nord et la Baltique, le ***Dukaat*** pour le commerce avec l'Asie et le ***ducat*** d'or pour le commerce avec la Russie.

aussi des clients de la Banque, cela leur facilite la vie. Entre les comptes des marchands internationaux circule la même monnaie, le florin de banque. Certains[32] y voient un précurseur de l'euro. C'est dans les années 1650, que la *Wisselbank* est officiellement autorisée à disposer de son unité de compte propre, le florin banco ou florin de banque, et à établir un taux de change, appelé agio, avec la monnaie réelle en circulation, le florin courant. L'agio est variable en fonction de l'état du marché, mais la monnaie de banque conserve une définition fixe garantissant la valeur des dépôts et des règlements des lettres de change.

Les paiements entre marchands étaient jusque-là réglés en bilatéral c'est-à-dire que la balance des comptes entre un prêteur et un emprunteur devait être équilibrée. Avec le développement des échanges il devient possible de jouer sur une compensation multilatérale des balances : A est en excédent sur B qui est en excédent sur C qui lui-même est en excédent sur A. Ce principe peut être appliqué aux échanges internationaux et les balances bilatérales ne sont plus nécessairement équilibrées ; dès lors il est possible de parvenir à l'équilibre global en dépit de déficits et d'excédents partiels. Il est bien sûr possible que la chaîne des paiements soit interrompue mais pas plus que dans le cas d'échange bilatéraux. À la multilatéralisation du commerce doit correspondre à un moment ou à un autre la multilatéralisation des paiements internationaux pour que le système puisse se développer rapidement. C'est alors que la *Wisselbank* intervient comme intermédiaire chargé d'assurer le fonctionnement du système, elle joue le rôle de chambre de compensation.

Le stock monétaire détenu par la Banque sert à garantir la valeur de la monnaie de banque qui sert d'unité de compte dans les règlements internationaux. Les entrées et sorties de capitaux étant libres sur la place d'Amsterdam, celle-ci attire les capitaux et parvient à se hisser au centre

[32] Lucien Gillard op.cit.

de la finance internationale naissante. Les autorités néerlandaises en imposeront l'usage pour toutes les transactions internationales de plus de six cents florins, on l'a dit, puis de plus de trois cents florins. Elle s'imposera comme monnaie de référence de l'économie internationale jusqu'à la fin de la République au moment de la Révolution française. Ainsi la stabilité monétaire concourt-elle à faciliter la gestion de la dette publique.

3. La création de la VOC et d'un vaste marché des capitaux[33]

Les économistes, notamment hollandais[34], soutiennent que c'est le financement privé de la VOC qui a servi de modèle à la création d'un marché pour la dette publique hollandaise. Cette innovation fut ensuite transmise aux Anglais[35].

Le financement en partenariat des navires[36] commence au milieu du XVIe siècle pour le commerce de la Baltique (sept cents bateaux en 1565 et des actionnariats pouvant

---

[33] The Exchange Bank leant huge sums of money to the Dutch East India Company (VOC). A privately-run colonial corporation which mostly generated revenue through the sale of products from the East Indies. The VOC repaid these loans to the Exchange Bank after its ships, laden with cargo from the East, returned to Amsterdam. The Fourth Anglo-Dutch (1780-1784) war marked the end for the VOC, which took the Exchange Bank down with it. In Oscar Gelderblom and Joost Jonker. 2004. *Completing a Financial Revolution: The Finance of the Dutch East India Trade and the Rise of the Amsterdam Capital Market, 1595-1612*. The Journal of Economic History, Vol. 64, No. 3, pp. 641-672 Cambridge University Press.

[34] Oscar Gelderblom and Josst Jonker. 2011. *Public Finance and Economic Growth: The Case of Holland in the 17th Century*, Journal of Economic History, volume 71.

[35] Les banquiers hollandais étaient de ce point de vue les héritiers de banquiers florentins installés à Venise qui finançaient l'armement des navires partant pour le Levant chargés d'argent, cf. Rheinhold C. Müller.1997. *The Venetian Money Market: Banks, Paniks and the Public Debt, 1200-1500*, John Hopkins Press. Pratique ensuite transmise à Anvers d'où elle parvient à Amsterdam.

[36] C'est une pratique ancienne connue, semble-t-il, dès l'antiquité grecque.

parfois atteindre soixante-quatre parts). Financement réalisé pour de courtes périodes correspondant à la durée de la saison de pêche. Puis, avec le développement des échanges, notamment en mer Baltique, les partenariats s'établissent sur des opérations plus longues et de plus grande envergure. Le développement du commerce avec la Méditerranée et avec l'Afrique implique des temps de transport plus longs et des navires fortement armés pour faire face aux pirates et aux flottes ennemies, ce qui n'était pas autant le cas dans la Baltique. De ce fait les engagements financiers s'accroissent, on cherche à élargir les partenariats et aussi on investit sur plusieurs navires pour répartir les risques.

Le commerce avec l'Asie force à recourir à des moyens de financement d'une autre ampleur. Les investissements par bateau sont de l'ordre de cent mille florins soit de trois à quatre fois plus que dans le cas du commerce avec le Levant ou les Caraïbes. Les distances à parcourir et les temps de transport augmentent considérablement et dépassent souvent deux années pour un aller-retour. Aux débuts de l'exploration des routes asiatiques, les pertes humaines en mer étaient de l'ordre de 40%, elles se réduiront progressivement. Enfin pour se défendre des attaques ennemies, il fallait armer de puissants navires et organiser les voyages en convoi sous la protection de la marine de guerre.

Pour des investisseurs privés cela représentait des engagements hors de portée des combinaisons traditionnelles de financement. Initialement les premiers voyages en Asie étaient le fait d'associations temporaires de marchands. Les résultats des premières tentatives apparaissaient trop aléatoires pour permettre leur développement. On estime que les quatre-vingts navires qui quittèrent les Pays-Bas entre 1595 et 1602 ne réussirent pas à couvrir leurs frais. Dès lors la création d'un monopole commercial semblait la solution, encore fallait-il trouver un financement adéquat.

La création de la VOC (1602) par émission d'actions est décidée par les chambres d'Amsterdam, de Middelburg, de Rotterdam, de Delft, de Hoorn, et d'Enkhuizen[37]. Celles-ci sont vendues à des investisseurs pour un montant total estimé à neuf millions de florins (soit dix fois plus que le capital de son équivalent britannique l'East Indian Company, créée en 1600). Afin de faciliter la souscription des actions, on accorde aux investisseurs un échéancier de paiement. Ils s'engagent à les payer en quatre annuités : de 25% du total en 1603, puis de 33.3% en 1604 et en 1605 et enfin le solde de 8.4% en 1607. Ces actionnaires peuvent eux-mêmes céder leurs actions ou les partager en sous-actions entre les membres de leur famille ou leurs partenaires commerciaux habituels. Et surtout il est décidé que ces actions, créées en principe pour dix ans, peuvent être revendues librement, ce qui assure ainsi la liquidité de ces titres. Les petits porteurs d'action ont une responsabilité limitée à la valeur de leur investissement initial.

L'attractivité des actions de la VOC était due à trois facteurs : le nombre élevé de souscripteurs, plus de mille rien qu'à Amsterdam, y compris des souscripteurs modestes, la transparence des opérations de vente et de rachats des actions, enfin les profits qui ont été fabuleux : on cite des chiffres de 40% de dividendes par action après les premières années[38], et de 28% en moyenne sur la durée de vie de la compagnie c'est-à-dire presque deux siècles ! L'accumulation de profits a dépassé les plus fortes attentes.

---

[37] Ce qui correspond à six différents marchés. Mais celui d'Amsterdam sera le seul à fonctionner comme un véritable marché d'actions grâce à l'importance des sommes investies et au nombre de traders actifs sur ce marché.

[38] La compagnie ne versera de dividendes qu'à partir de 1609 et encore les versements ne se feront au début que sous la forme d'épices. En 1612 le total des dividendes versés représente 162% de la valeur des actions. Cf. *The World's First Stock Exchange. How the Amsterdam market for Dutch East India Company shares became a modern securities market, 1602-1700,* L.O. Petram, 2011, the institutional repository of the University of Amsterdam (UvA).

Très vite un marché secondaire actif des actions de la VOC se crée et la valeur de l'action est cotée quotidiennement. Selon Gelderblom et Jonker[39], le mode d'émission initial des actions, en accordant un délai de règlement aux investisseurs, constituait une forte incitation à la spéculation, car ces derniers pouvaient souscrire plus d'actions qu'ils n'en avaient l'intention de conserver et espérer faire une plus-value en les revendant le jour de l'échéance. Ainsi naît en Europe le premier marché de produits dérivés.

La dette publique aurait pu être utilisée comme collatéral, mais le fait que les supports usuels de la dette étaient des rentes viagères et des rentes perpétuelles, qui étaient nominatives et sujettes à des taxes de transfert, rendait les choses difficiles. En revanche le développement des obligations à court terme pour couvrir la part de la dette à la charge de la ville d'Amsterdam à partir de 1609, pour un montant équivalent aux actions de la VOC, devait se révéler une autre option qui allait gagner en popularité. Cependant on rencontre peu de preuves de l'existence de transfert de ces titres de dettes avant 1672. C'est l'élargissement considérable du marché financier qui renforce la résilience de l'ensemble financier public et privé.

On le voit, les promoteurs de la VOC, qui avaient au départ un objectif limité - financer le commerce avec l'Asie des épices - se trouvent à l'origine de la création d'un puissant marché des capitaux privés. Leur rôle sera aussi de prolonger la durée de vie de la compagnie[40] et surtout son monopole commercial grâce à leur présence dans les instances dirigeantes de la République. D'autres compagnies

[39] Oscar Gelderblom and Joost Jonker.2004. *Completing a Financial Revolution: The Finance of the Dutch East India Trade and the Rise of the Amsterdam Capital Market, 1595–1612.* Journal of Economic History n°64 issue n°3.

[40] La charte octroyait un monopole commercial sur les routes de l'Asie pour 21 ans avec la possibilité de dissoudre la compagnie au bout de 10 ans ; le succès de l'entreprise et la prolongation du monopole lui a permis de durer plus de deux siècles.

telle la WIC (West Indian Company) vont se financer de la même manière, élargissant progressivement le marché.

La guerre menée par l'Angleterre pour prendre le contrôle du commerce des Indes commencée en 1720, la corruption croissante au sein de la VOC, la montée du protectionnisme en Europe en limitent la rentabilité. La VOC choisit de s'endetter pour maintenir le paiement des dividendes jusqu'à ce que la société devienne insolvable. Pour tenter d'éviter la faillite le gouvernement fait pression sur la *Wisselbank* pour qu'elle la finance en violation flagrante de ses statuts. Un scandale éclate lorsqu'il est révélé en 1794 qu'elle a consenti des crédits illégaux qui s'élèvent à des millions de florins. Ces prêts s'avéreront insuffisants pour sauver la VOC et éviter sa faillite (1799) ce qui mit pratiquement fin à la Banque. En prenant le contrôle de la République batave créée à l'imitation de la République française, Napoléon choisit d'annuler la dette publique et imposa le financement de ses troupes occupant le pays. Après la défaite de Napoléon, l'acte final du Congrès de Vienne crée le Royaume des Pays-Bas, incluant la Belgique actuelle, avec à sa tête Guillaume d'Orange, qui renonça à reprendre les dettes annulées par Napoléon malgré son engagement à le faire. Les dettes du Royaume resteront comme on le verra au chapitre 4 très élevées jusqu'à la Première Guerre Mondiale.

Les grandes phases du développement et du déclin des Provinces-Unies

1500-1590	Contrôle du commerce de la mer Baltique
1590-1609	Création de la Compagnie des Indes (1602) et de la Banque d'Amsterdam
1609-1621	La trêve avec l'Espagne accélère les progrès hollandais
1621-1647	Reprise de la guerre d'indépendance ; récession en Europe
1647-1672	Zénith de la puissance hollandaise ; indépendance
1672-1700	Anglais et Français attaquent (en vain) les Provinces-Unies
1700-1713	Guerre de succession d'Espagne ; début du déclin économique et militaire
1713-1740	Réduction à une activité d'intermédiaire financier ; mercantilisme européen
1740-1781	Déclin marqué ; perte d'une partie de l'empire au profit de l'Angleterre
1781-1812	Domination française

Chapitre 3
La France entre instabilité politique majeure et résilience financière

1. 1797 La dernière banqueroute[41]

La monarchie absolue de l'Ancien Régime a refusé tout contrôle de ses dépenses et elle a souvent ignoré l'état réel de ses finances. Son système fiscal particulièrement inégalitaire générait une forte résistance à l'impôt qui se traduisait par de faibles rendements[42], alors que les dépenses s'accroissaient toujours. Découvrant trop tard son incapacité à honorer ses engagements elle se trouvait souvent acculée au défaut de paiement.

La Révolution française marque une rupture avec les pratiques de la royauté en imposant le contrôle du Parlement sur les comptes publics. Par ailleurs la Révolution et l'Empire adoptent des réformes fiscales radicales mais opposées : dans un premier temps la Révolution abolit les impôts indirects de l'Ancien régime, notamment la gabelle et la plupart des impôts indirects et transforme radicalement les impôts fonciers qui deviennent universels et harmonisés sur tout le territoire de la République. Ceux-ci auraient dû s'appuyer sur un cadastre précis pour être justes : il faudra

---

[41] Julien Bouvet. 2015. *La banqueroute des deux tiers*. Editions la découverte revue : Regards croisés sur l'économie 2015/2 n° 17 | pages 9 à 11.

[42] Et de plus inefficace : au XVIIIe siècle les Provinces Unies et l'Royaume-Uni parviennent à collecter deux fois plus de revenus fiscaux par habitant que la France de la monarchie absolue.

quarante ans pour y parvenir. Ce sera cependant un instrument fiscal très efficace, mais pour les futurs gouvernements.

En attendant, la perception des taxes s'avère calamiteuse du fait des troubles révolutionnaires. La Révolution, attaquée de toutes parts, voit ses dépenses s'envoler. Pour les financer elle choisit de s'appuyer sur les ressources attendues de la mise en vente des biens nationaux (c'est-à-dire des biens confisqués au clergé et aux aristocrates en fuite), émet du papier monnaie gagé sur ces ressources, les assignats[43]. Une grande partie des rentiers choisit de vendre ses rentes du temps de l'Ancien Régime contre ces assignats qui servaient ensuite à acheter des biens nationaux. Mais les besoins financiers de la République se faisant de plus en plus pressants, le comité décide d'émettre des quantités excessives d'assignats, ce qui engendre une hyperinflation[44]. Elle crée ainsi une situation financière chaotique qui conduit à la banqueroute et à la ruine de nombreux épargnants.

Cette catastrophe financière, qualifiée de «banqueroute des deux tiers », est à la fois un record en matière de banqueroute mais elle est aussi à l'origine de l'émergence d'un système financier public moderne contrôlé par le Parlement qui exige la mise en place d'une comptabilité publique rigoureuse (les comptables publics français sont les premiers à recourir à la comptabilité en partie double pour pouvoir s'assurer de la cohérence de leurs comptes, le Parlement britannique, suivant l'exemple français, n'y viendra que quatorze ans plus tard). Autre moyen de contrôler et de rationaliser la gestion de la dette, on crée le « grand livre de la dette » où sont inscrites toutes les rentes dues, puis on

---

[43] Le 21 Décembre 1789 un premier décret est adopté ordonnant l'émission de 400 millions d'assignats, réalisée en avril 1790, qui sont des certificats de dette de 1000 livres chacun portant un intérêt de 5% sécurisés et remboursables en « biens nationaux ».

[44]Cf. Christian Aubin. 1991. *Les assignats sous la Révolution française : un exemple d'hyperinflation.* Revue économique n°42-4 pp. 745-762

unifie le service de la dette en créant une seule rente perpétuelle à 5%. Pour finir on crée les bons du Trésor pour gérer la dette flottante.

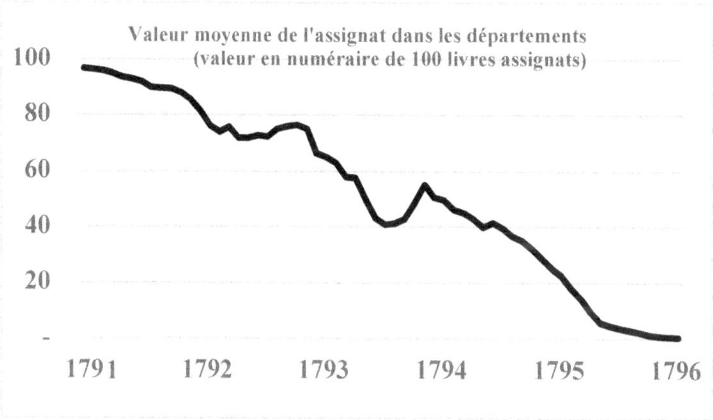

La reconstruction de la fiscalité

Napoléon rétablit la fiscalité indirecte, sur le modèle anglais pourrait-on dire, par ailleurs il s'inspire des pratiques monétaires hollandaises et anglaises, bien établies depuis plus d'un siècle, il complète la réforme des finances en créant en janvier 1800 la Banque de France chargée de l'émission de la monnaie et en imposant une couverture à 100% en métal de la monnaie papier émise (une forme de Currency Board si l'on veut). En 1803 la France établit un système monétaire bimétallique avec un ratio d'échange or/argent légal de 15.5. La pièce d'un franc germinal contient 4.5 grammes d'argent pur (ou 0.29 grammes d'or) correspondant à peu de chose près à la définition de la livre tournois de 1720 à 1793. En 1873 la France adoptera l'étalon-or. La stabilité monétaire est ainsi assurée, sauf au cours des périodes de crises majeures : de 1848 à 1852 et de 1870 à 1878, puis pendant la Première Guerre Mondiale où le cours forcé de la monnaie est imposé (le Royaume-Uni a fait de même sous l'Empire et au cours de la guerre de 1914).

L'héritage financier du Premier Empire

Les dettes de l'Ancien Régime se montaient en 1789 à 127 millions de rentes auxquels s'ajoutaient 47 millions contractés durant les premières années de la Révolution, soit un total de 174 millions qui sera réduit par la banqueroute de 1797 : annulation des rentes des émigrés et de celles qui furent échangées contre des biens nationaux, soit une réduction de 85 millions (approximativement les deux tiers 85/127). Le solde des rentes restantes soit 42 millions a été unifié sous la forme d'une rente perpétuelle offrant une rente à 5%. Le Consulat et l'Empire émettent seulement 21.7 millions de nouvelles rentes, portant ainsi le total à 63 millions en 1814.

Napoléon recourt aussi peu que possible à l'emprunt et se finance grâce à l'impôt et à un prélèvement sur les finances des pays conquis. Cette politique a cependant une limite : il faut que les victoires militaires s'enchaînent, sinon les résistances locales se multiplient, paralysant progressivement le système. À partir de 1813 les retards de paiement de l'Empire s'accumulent, les impayés atteignent 1.300 millions de francs, on détourne les fonds de la Caisse d'amortissement, qui avait été créée pour rembourser le solde de la dette de l'Ancien Régime. Le montant des dettes publiques serait alors inférieur à 16%.

Lorsque les financiers de la Restauration font le bilan de la situation, ils s'aperçoivent que les chiffres officiels sont loin de la réalité : la fin de l'Empire a été marquée de 1811 à 1813 par une explosion des dépenses atteignant 28% du PIB, qui ne sont que partiellement « financées », on assiste à la multiplication des retards de paiement. Par la suite les réparations de guerre, qui sont les plus élevées jamais imposées jusque-là en Europe, atteignent entre 18 et 21% du

PIB selon les estimations. En 1821 au total le ratio de la dette atteint 36% du PIB selon les estimations de Piketty. La charge annuelle de la dette atteint alors 193 millions de francs.

Ce qui est encore modeste comparé à la dette anglaise qui est cinq fois plus importante pour une population deux fois moindre. C'est aussi la raison pour laquelle les financiers étrangers se montreront réceptifs à l'émission de nouveaux titres de dette française sachant que la France est encore potentiellement un des pays les plus riches et les plus puissants d'Europe, pourvu que sa gestion financière rassure. La dette publique dans cette première phase supporte des taux d'intérêts élevés (supérieurs à 6% alors que l'inflation est faible) du fait notamment du souvenir laissé par la faillite de l'Ancien Régime et par l'instabilité politique qui ne sont pas faites pour rassurer les détenteurs de la dette française[45].

Pour faire face à ces obligations la première loi de finances de 1814 émet de nouvelles rentes perpétuelles à 5% et, autre innovation, des obligations du Trésor (appelées bons royaux) à trois ans au taux de 8%. L'appel à la rente ne rencontre pas le succès escompté compte tenu du manque de confiance du « public ». En revanche les bons royaux connaissent un certain succès car ils sont souscrits librement et se négocient chaque jour à la Banque de France. C'est une dette flottante qui assure le financement des premières années de la Restauration. Par ailleurs le budget est réorganisé, les services de l'État rationalisés afin d'en accroître l'efficacité et d'en réduire les coûts. La politique budgétaire exige que le budget soit en excédent (en

---

[45] Dont la loi dite « du milliard aux émigrés » promulguée par Charles X le 27 avril 1825, indemnisant les émigrés qui avaient perdu leurs biens vendus comme biens nationaux sous la Révolution. . Entre 1814 et 1821 la dette publique quadruple et passe de 1.272 million de francs en 1815 à 4.627 millions en 1830.

moyenne de 1,05% du PIB pour le solde primaire) qui s'impose par un accroissement des impôts directs et une réduction des dépenses.

La Restauration monarchique instaure une monarchie constitutionnelle, elle confirme d'emblée un certain pouvoir de contrôle du budget par le Parlement - Chambre des députés et Chambre des pairs représentant les grandes fortunes. Par ailleurs elle choisit de reconnaître les dettes de la Révolution (la rente perpétuelle de 5%) et de l'Empire afin d'affirmer la continuité financière de l'État et le sérieux de ses engagements. L'objectif majeur sera de construire un système à l'abri des soubresauts politiques.

2. La genèse du système financier français moderne

au-delà de l'instabilité politique[46] assurer l'autonomie du système financier public vis-à-vis du pouvoir

Il fallait inventer un système institutionnel permettant de découpler l'État de la gestion financière de la dette, afin que les engagements financiers de l'État perdurent et consolident son crédit. C'est à l'abri de ce système financier public résilient que se développent à grande échelle la monétisation, la bancarisation et la finance de marché.

Ce système se construit autour de quatre institutions : la Banque de France, le Trésor au sein du ministère des Finances, qui assure la certification des comptes publics et l'ajustement au quotidien des recettes et des dépenses publiques[47], et deux Caisses, l'une la Caisse d'amortissement

---

[46] Sept régimes politiques se succèdent au XIXe siècle, le pays est occupé deux fois par des armées étrangères.

[47] Ce n'est qu'après la Première Guerre Mondiale que le Trésor prendra une place importante dans la définition des politiques économiques, de change et de lutte contre l'inflation.

pour réduire la dette, et l'autre la Caisse des dépôts et consignations qui aura notamment pour responsabilité de gérer les Caisses d'épargne qui seront une source première de liquidités pour l'État.

La Banque de France

Revenons sur la création de la Banque de France (1800, puis 1806 pour le décret) : c'est une banque privée dont le capital est fourni par la « Haute Banque » parisienne[48] qui pratique le réescompte des effets de commerce, à qui l'État accorde le privilège d'émission de la monnaie[49] et, en échange, en nomme le gouverneur. C'est une banque relativement autonome. La Banque de France participe activement à la gestion de la dette lors des difficultés de l'État : ainsi en 1815 la Banque accepte des bons royaux en paiement des avances faites à la fin de l'Empire, de même lors de la crise de1818 la Banque doit accepter de nouveaux bons royaux. Les avances faites par la Banque au Trésor en échange de bons royaux sont estimées à un milliard de francs dans les années 1820.

La Banque de France a d'emblée une force de frappe incomparable par rapport à ses concurrentes (son capital atteint 90 millions de francs dès 1806) et, outre son rôle de financier de l'État, elle joue très vite un rôle de refinancement des entreprises, auxquelles elle accorde le réescompte d'effets de commerce (ou éventuellement des avances

---

[48] Cette « Haute Banque » est constituée de banques d'investissements gérant la fortune des propriétaires de ces banques et de quelques-uns de leurs riches clients, les banques commerciales ou de dépôt sont à l'époque quasi inexistantes. Son surnom de banque des deux cents familles qui lui est attribué provient de ce que ces familles choisies parmi les plus riches actionnaires de la Banque sont celles qui assistent aux assemblées générales et jugent de son action.

[49] Limité tout d'abord à la région parisienne il sera progressivement étendu à toute la France.

contre dépôt de titres choisis), elle a aussi la charge de défendre la réputation de la monnaie.

Dans la première moitié du XIXe siècle elle doit surtout rétablir la confiance en menant une politique monétaire très restrictive : elle n'émet de billets qu'autant qu'elle en a la contrepartie intégrale en métaux précieux. Grace aux excédents de sa balance courante, la France accumule au fil du siècle des réserves métalliques considérables. Elles représenteront en 1913 14% des réserves mondiales d'or des banques centrales.

On lui reproche sa prudence jugée excessive en matière de politique monétaire et donc de crédit, ce qui aurait limité la croissance économique de la France et ralentit son industrialisation. En revanche on verra plus loin qu'elle a permis à plusieurs reprises d'éviter à la France de faire banqueroute.

Parties essentielles du dispositif financier la Caisse d'amortissement et la Caisse des dépôts et consignations (CDC)[50] sont créées en 1816

L'arrivée au pouvoir d'une monarchie de type constitutionnel et d'inspiration libérale[51] pour l'économie se fixe comme objectif de réduire le rôle de l'État dans l'économie à commencer par la réduction de la dette et donc des déficits publics. Amortir la dette, protéger l'épargne populaire et contribuer au développement des infrastructures de transport (canaux et surtout chemins de fer).

La mauvaise réputation des banques après la banqueroute de la Banque royale de Law explique sans doute qu'on

[50] Michel Margairaz. 2006. *Les Caisses d'amortissement et des dépôts et consignations, la trésorerie, la dette publique et la genèse du système de crédit en France dans le premier XIXe siècle ou Les paradoxes de la confiance.* Pages 155 à 176.

[51]Cependant ce libéralisme ne modifiera pas la politique protectionniste de la France jusqu'à l'arrivée de Napoléon III au pouvoir qui impose la signature de l'accord de libre-échange avec l'Royaume-Uni en 1860.

hésite encore à employer le terme de banque pour lui préférer celui de Caisse : « la Caisse d'amortissement s'engage à soutenir et à défendre l'intérêt public en réduisant la dette, la Caisse des dépôts et consignations, organisme public, est présentée comme le gardien de la masse des intérêts privés »[52] (les « rentiers »). La Caisse d'amortissement bénéficie à sa création de 20 millions de francs, dotation augmentée à 40 millions en 1817, de plus elle reçoit une partie des recettes de la vente des forêts du domaine national (ex-biens nationaux). Enfin ses ressources doivent s'augmenter des arrérages (intérêts) des rentes achetées. Celle-ci sont incessibles et doivent être progressivement annulées conduisant à la réduction de la dette perpétuelle. Cela devrait permettre de soutenir le cours de la rente, de faire baisser les taux d'intérêt et de restaurer le crédit de l'État. Cependant la Caisse en rachetant des rentes contribuait à la hausse de leur cours et de ce fait rendait moins coûteuse l'émission de nouveaux emprunts et contribuait ainsi à accroître la dette au lieu de la réduire, contrairement à l'objectif affiché.

La Caisse d'amortissement consacre ses ressources aux rachats de rentes, soit 37 millions de rentes de 1816 à 1825 pour un capital proche de six cents millions. Le cours de la rente monte parallèlement de la cote 59 à la cote 89 et atteint le par en 1824. Dès lors le ministre des Finances propose en 1825 la conversion de la rente de 5% à 3% pour en réduire les coûts. Mais se heurte à l'opposition de la Chambre des Pairs et ne peut forcer la conversion. En revanche il émet pour un milliard de rentes à 3% destinées à l'indemnisation des émigrés. Au total l'action de la Caisse a permis d'accroître le recours de l'État au crédit et non de le réduire. À

---

[52] Philippe Verheyde. 2006. *Politiques et pratiques financières de la Caisse d'amortissement et de la Caisse des dépôts et consignations*. Pages 123-154, in Alya Aglan, Michel Margairaz et Philippe Verheyde (dir.). 2006. *1816 ou la genèse de la Foi publique. La fondation de la Caisse des dépôts et consignations.* Librairie Droz. Genève.

partir de cette date son activité se réduit, car l'annulation des rentes qu'elle a rachetées la prive des arrérages et donc de ressources pour racheter de nouvelles rentes. De 1825 à 1837 elle ne rachète que pour 900 millions de rentes à 3% ou 5% en fonction de leur cours. En 1837 le gouvernement permet la conversion des réserves inemployées de la Caisse d'amortissement en rentes destinées à financer des travaux publics en pleine expansion (chemins de fer principalement). Ainsi son rôle d'amortisseur disparaît au profit de celui de financier des transports. À partir de 1840 les rachats de la Caisse cessent du fait de la remontée de la valeur des rentes en bourse. Elle dispose alors de ressources inemployées de plus en plus importantes, et de 200 millions qui sont immobilisés en bons du trésor.

Créée en même temps que la Caisse d'amortissement, la CDC a pour mission de protéger les intérêts des épargnants privés, principalement la petite épargne. Elle ne dispose au départ que de faibles ressources et ne joue qu'un rôle secondaire jusqu'en 1837.

À partir de 1837 le gouvernement décide que la gestion par le Trésor des fonds accumulés dans les Caisses d'épargne passe sous la responsabilité de la CDC. Les sommes accumulées par les Caisses d'épargne correspondent à des dépôts à vue et donc les risques sont grands qu'en cas de difficultés importantes les déposants se précipitent pour retirer leurs fonds. Or ces fonds sont placés par la CDC en rentes de la dette publique à 4%, rentes dont les montants atteignent rapidement plus de quatre milliards de francs. Eviter d'exposer le Trésor public en cas de crise d'une part, d'autre part trouver un emploi judicieux de ces fonds, ceci était plus dans le savoir-faire et les préoccupations des Caisses que dans celles du Trésor. La CDC obtient la promesse du soutien de la Banque de France en cas de crise de liquidités ; la Banque s'engage à lui avancer les fonds nécessaires en contrepartie du dépôt des rentes détenues par les Caisses pour une valeur équivalente.

C'est à partir de cette date que la CDC joue un rôle majeur dans le système financier français. En 1894 on estime que les actifs de la Banque de France et des grandes banques de dépôts parisiennes représentent seulement le tiers des actifs financiers de la Caisse. Ces fonds sont placés majoritairement en rentes : celles-ci ne représentaient que 2% de l'actif de la CDC à sa création, elles en constituent près des trois quarts en 1840.

Les deux Caisses ont donc permis de contourner les contraintes qui étaient fixées au Trésor, respecter l'équilibre du budget ordinaire. Elles ont contribué à rassembler entre un cinquième et un quart des sommes supplémentaires pour l'action de l'État par appel aux épargnants grâce à la confiance retrouvée.

Ainsi se constitue un système financier qui va au cours du temps se révéler suffisamment flexible et fiable pour assurer la stabilité des finances publiques. C'est à l'occasion des grandes crises du XIXe siècle que se met en place la coordination étroite de ces grandes institutions, qui va permettre de parer aux risques de faillite de l'État.

Le développement de la monétisation, de la bancarisation et du marché financier

La « banqueroute des deux tiers » et la grande méfiance de Napoléon (et des petits rentiers) vis-à-vis de la finance ont conduit le pays à une situation de très faible usage de la monnaie et du crédit et donc de sous-équipement bancaire et financier. Le tableau 2 montre que la masse monétaire est stable entre 1810 et 1835 et est essentiellement constituée de métaux précieux. À partir de 1837 la masse monétaire double tous les 15 ans. Parallèlement le montant des effets de commerce est multiplié par 20, enfin la bourse de Paris connaît une progression aussi spectaculaire, de moins de 1% pour cent du PIB en 1810 elle atteint 39% en 1910[53], soit 16 milliards de francs.

Tableau 2 : Évolution des moyens de paiement en France au XIXe siècle (En milliards de francs)

Vers	Métaux précieux	Billets	Dépôts en banques	Total masse monétaire	Montant des effets de commerce [1]
1810	3	0,1	0,04	3,14	1,5 à 2 ?
1835	3	0,2	0,1	3,3	2,5 à 3
1860	6	0,7	0,8	7,5	16,3
1885	8,5	2,8	2,1	13,4	23
1910	8,8	5,1	10,4	24,3	40,2

Source : cité dans Alain Plessis. 2001. *La révolution de l'escompte dans la France du XIXe siècle*. Revue d'histoire du XIXe siècle, n°23, pages 143-163. D'après Michèle Saint Marc.1983. *Histoire monétaire de la France (1800-1980)*, Paris, Presses universitaires de France.
[1] Un effet de commerce (lettre de change ou billet à ordre) est un titre négociable qui constate, au profit du porteur, une créance de somme d'argent, et sert à son paiement. Différents moyens, dont l'escompte par l'intermédiaire des banques, permettent de faire circuler l'effet avec la créance incorporée.

Cette évolution permet de capter l'épargne privée via les dépôts en banque et en Caisse d'épargne et de la rendre disponible pour le développement économique, c'est un moyen essentiel pour assurer la liquidité de l'économie. Elle constitue aussi une forme de cercle vertueux pour financer la dette publique (34 milliards en 1910) et assurer sa résilience.

[53] Pedro Arbulu. 1998. *La bourse de Paris au XIXe siècle : l'exemple d'un marché émergent devenu efficient*. Revue d'Économie Financière n°49, pages 213-249.

3. Quand les crises contribuent au renforcement du système financier[54]

Lors de la création des institutions celles-ci sont dotées de statuts qui définissent leur champ d'action ; mais cela ne nous dit pas grand-chose sur les interactions de ces institutions entre elles et c'est essentiel. Ce sont les crises récurrentes qui provoquent des innovations vitales pour préserver la stabilité du système tout entier.

Ce qui frappe a posteriori c'est la très forte instabilité économique, politique et sociale qui marque le monde d'après la Révolution (elle-même riche en soubresauts). On ne compte pas moins de sept régimes politiques qui se succèdent, parfois de manière violente, avant la Première Guerre Mondiale. Par ailleurs le pays enregistre de nombreuses crises financières (boursières) qui se répètent tous les dix ans si l'on en croit Clément Juglar[55] qui a donné son nom à ces cycles. Parmi ces crises il y a les crises qui menacent la société dans sa globalité, On ne retiendra dans notre analyse que les crises les plus marquantes. À cette instabilité politique, économique et financière répond une stabilité remarquable, a posteriori, du système financier public, et en particulier des hommes qui sont aux commandes de ces institutions.

---

[54] Alya Aglan, Michel Margairaz et Philippe Verheyde (sous la Dir de). 2011. *Crises financières, crises politiques en Europe dans le second XIXe siècle*. Librairie Droz.

[55] L'origine de ces cycles selon l'auteur provient du cycle du crédit des banques qui s'enthousiasment régulièrement pour de nouvelles entreprises et surenchérissent jusqu'à ce que les retours sur investissements s'avèrent en dessous des prévisions provoquant une récession et l'élimination des plus fragiles, jusqu'au prochain emballement.

La crise de 1848

Sur le plan des finances publiques la crise de 1848 est la pire de la période précédant les guerres mondiales. Qualifiée de crise globale, elle aurait pu provoquer la banqueroute de l'État. La crise commence en 1846 par une grave crise frumentaire qui met le monde paysan[56] dans de grandes difficultés et oblige l'État à importer massivement des céréales de Russie qu'elle paye en or, créant une tension sur la masse monétaire conditionnée par le stock d'or disponible. La Russie compense en partie ce déficit par l'achat de rentes à la France. La pénurie entraine la hausse des prix agricoles qui pèse lourdement sur le pouvoir d'achat des ménages ouvriers, en particulier à Paris et dans les grandes villes. L'agitation sociale gagne début 1848 les quartiers ouvriers et les militants socialistes font leur apparition sur la scène de l'histoire. Aux causes économiques et sociales s'ajoutent les causes politiques et notamment l'exigence de démocratie. La révolte tourne à l'émeute et pousse le roi à s'enfuir. La Deuxième République est proclamée mais elle se déchire entre modérés et révolutionnaires. Simultanément la situation financière de la France devient catastrophique. Le premier élément déclencheur tient aux demandes des épargnants qui, effrayés par la situation révolutionnaire, retirent en masse leur argent des Caisses d'épargne, ce qu'ils sont droit de faire car les dépôts sont à vue, provoquant un « Bank run » classique dans les crises financières.

La Caisse qui a en charge la protection de cette épargne voit ses liquidités se vider à grande vitesse. Elle est bientôt

[56] La population rurale représente 76% de la population française en 1846, les agriculteurs 57%, et leur valeur ajoutée dans le PIB est proche de 35%. C'est aussi une crise européenne, particulièrement dramatique en Irlande. Cf. Éric Vanhaute, Richard Paping, Cormac Ó Gráda. 2006. *The European subsistence crisis of 1845-1850: a comparative perspective*. IEHC, Helsinki.

à court d'argent car la majeure partie de l'épargne (80% environ) qu'elle gère est investie en rentes perpétuelles de l'État qui ne peuvent être liquidées rapidement. De plus le cours de la rente subit une forte décote du fait de la situation révolutionnaire (de même que les autres cours de bourse en général). Si la CDC tentait de vendre ces rentes elle ne ferait qu'aggraver la situation. De son côté le Trésor est lui aussi à cours de liquidités, les rentrées fiscales sont inférieures à ce qui était prévu et le montant des emprunts à court terme venant à échéance sont importants et leurs détenteurs ne veulent pas les renouveler. La disparition des liquidités met en péril plusieurs banques importantes et par voie de conséquence c'est l'ensemble de l'économie qui risque le coma. Les responsables (le ministre des Finances et le Trésor public, la Banque de France et les deux Caisses) sont conscients que des mesures exceptionnelles doivent être prises pour faire face à la situation, calmer la rue et sauver l'économie tout entière.

C'est la Banque de France qui va jouer un rôle clé en contradiction avec le crédo libéral qui voulait que la Banque s'abstienne de recourir à l'émission de monnaie sans contrepartie réelle. « Fautes d'écus, tous les services publics étaient menacés de désorganisation immédiate [...] La Banque seule offrait encore un dépôt de numéraire. La Raison d'État commandait d'en conserver la disponibilité »[57]

Une série de mesures sont alors prises :

- Limitations des retraits de Caisse d'épargne à 100 francs en numéraire, ce qui avantage nettement les petits épargnants. Au-delà le remboursement se fait pour moitié en rentes ou en bons du Trésor à leur valeur nominale alors que leur valeur de marché est réduite de moitié environ. Il

[57] Déclaration du Gouverneur de la Banque de France, le comte d'Argout, publié par le journal des Economistes en avril 1848, cité par Francis Démier. 2014. *La France du XIXe siècle. 1814-1914*. Points Histoire, page 81.

y aura donc une perte ou spoliation partielle des épargnants qui veulent se faire rembourser au-delà de 100 francs.

• Pour relancer le commerce on établit des comptoirs d'escompte dans toute la France qui acceptent les papiers du commerce grâce aux fonds du Trésor permettant ainsi de redonner des liquidités aux marchands et aux artisans et de relancer l'activité qui était bloquée.

• Cours forcé du billet, nommé cours légal, la Banque de France n'est plus obligée de rembourser les billets en métal précieux. Elle peut alors accroître l'émission de papier monnaie tout en la limitant à trois cents millions de francs, afin d'éviter le retour du spectre de la banqueroute des assignats. Par ailleurs la Banque émet de plus petites coupures de 200 francs afin de faciliter les règlements commerciaux. Par ailleurs il fallait des liquidités pour payer les fonctionnaires et les gardes mobiles gardiens de la stabilité de l'État. Enfin la Banque fournit de nouvelles liquidités au Trésor et à la Caisse des dépôts pour qu'ils puissent faire face aux demandes de retrait de liquidité. Les rentes servirent aussi au paiement de certaines opérations, devenant de la quasi-monnaie pour les règlements permettant aussi d'accroître les liquidités. Le tout devait permettre de rétablir la confiance dans le système et freiner les retraits.

• Unification des banques départementales sous la supervision de la Banque de France afin d'unifier le marché du crédit au niveau national et monopole d'émission de la monnaie.

L'ensemble de ces mesures et la répression sanglante du mouvement populaire ont permis de rétablir la situation financière. L'émission de liquidités sans contreparties assurée par la Banque de France déroge ainsi à sa mission officielle, ce n'est pas la dernière fois. Le retour à la normale s'effectue en 1850.

La guerre de 1870 et ses conséquences financières

Avec le Second Empire et l'ouverture au commerce international (1860), la place financière de Paris devient la plus importante d'Europe après celle de Londres. L'épargne française s'investit de plus en plus à l'international. La guerre de 1870 met un coup d'arrêt brutal à cette expansion internationale. La défaite de 1870 c'est la perte de l'Alsace-Lorraine, la Commune de Paris, et le paiement d'une lourde indemnité de guerre de cinq milliards de francs-or dont le paiement conditionne la libération du territoire. Au total on estime[58] à onze milliards quatre cents millions de francs-or le total des charges supplémentaires supportées par l'État. Ces dépenses sont couvertes pour 9 milliards par des emprunts qui conditionnent la libération du territoire.

La défaite contraint le pouvoir à prendre un certain nombre de mesures :

• Cours forcé de la monnaie de 1870 à 1875 qui met les ressources de la Banque à l'abri.

• Avance de liquidités faites par la Banque de France à la CDC pour faire face aux demandes de retrait des Caisses d'épargne, en contrepartie de rentes et d'obligations de chemin de fer détenues par la CDC.

• Restriction au retrait des dépôts en Caisse d'épargne de Paris fixé à 50 francs tous les quinze jours, les Caisses de province ont suspendu leur activité.

Ces mesures ont permis d'éviter la panique et la cessation de paiements de l'État et de maintenir ouvert le marché boursier parisien.

De plus le succès en 1871 de l'emprunt à long terme dit « de libération du territoire » de deux milliards de francs débloque la situation. La confiance rétablie, les retraits se

---

[58] Maurice Lévy-Leboyer et François Bourguignon. 1985. *L'économie française au XIXe siècle*. Economica, page 81.

réduisent et la thésaurisation recule. Le paiement de l'indemnité sera rapidement réalisé à l'étonnement des observateurs. Mais cela se fait au prix d'une forte hausse des impôts et par le doublement de la dette publique à travers une série d'emprunts. La réussite du placement de ces emprunts s'explique par plusieurs facteurs :

- Par les conditions particulièrement attractives offertes aux souscripteurs,
- Par le rôle des banques mobilisées comme investisseurs directs d'une part et d'autre part comme intermédiaires pour le placement de ces emprunts auprès du public français,
- Enfin grâce à l'émission d'un emprunt international, en accord avec les banques anglaises et hollandaises qui y souscrivent largement.

Les banques qui sont au cœur du placement des titres d'emprunt[59], sont organisées en deux groupes le Groupe Rothschild dominant la « Haute Banque » (il réalise 60% des placements) et le groupe des établissements de crédit commercial mené par le Crédit Lyonnais.

Le rôle central des banques dans la souscription de la dette publique[60]

La gestion de la crise financière de 1870 montre que les banques privées jouent désormais un rôle central dans l'économie française. Ce rôle croissant des banques est à la fois le résultat de la volonté du gouvernement central et de la demande des régions d'accroître leur présence sur tout le

---

[59] De fait les banques disposent de liquidités importantes (les dépôts) et sont en mesure de prendre en charge rapidement les emprunts pour ensuite les répartir auprès de leurs clients. Cette intermédiation se révèle essentielle à la réussite des emprunts, et lorsque l'État tentera de contourner les banques ces emprunts seront des échecs.

[60] Pierre-Cyrille Hautcœur (Dir de). 2007. *Le marché financier français au XIXe siècle volume l, récit.* Publications de la Sorbonne. Voir en particulier le chapitre 10 Conjoncture économique et marché financier. Pages 357-382.

territoire français afin de faciliter leur accès au crédit. La Banque de France se voit incitée à développer un réseau de succursales couvrant l'ensemble du territoire. La Banque entrainera à sa suite les autres institutions de crédit et l'on voit alors émerger les grandes banques de réseaux. À partir de 1859, les banques s'organisent en réseaux d'agences, utilisent des démarcheurs et font la promotion de l'épargne. Le Crédit Lyonnais (1863) et la Société Générale (1864) sont alors créés. Leurs stocks de liquidités s'accroissent au fur et à mesure que leurs activités s'étendent sur le territoire. Ces banques prennent une place de plus en plus importante dans le placement des emprunts de l'État.

La dette publique a été un puissant facteur de développement de la bancarisation de l'économie. Ces banques sont à la fois des banques de dépôts et des banques d'affaires, elles s'impliquent de plus en plus dans le financement de l'économie en participant financièrement à la création et au développement des entreprises de tous les secteurs à commencer par les compagnies d'assurances et par les sociétés de chemins de fer qui jouent un rôle majeur dans l'industrialisation de la France (et des pays émergents de l'époque : Egypte, Russie, Japon, Chine etc.).

Mais la croissance des emprunts publics peut faire craindre un détournement de l'épargne privée au profit du secteur public (effet d'éviction) qui pourrait être défavorable aux investissements productifs et à la croissance.

Relier la stagnation de la France aux conséquences économiques de la guerre de 1870 est largement exagéré : d'abord parce que la France a su en assumer le coût relativement facilement et ensuite parce que la stagnation est un phénomène qui touche à cette époque presque toute l'Europe.

La mondialisation financière 1870-1913 : montée des pays émergents et de leurs dettes

Les années 1870 sont aussi celles de la généralisation de l'étalon de change-or : Royaume-Uni et Allemagne en 1871, France, Suisse, Pays Bas, Belgique, Danemark, Norvège, Suède, et États-Unis de facto en 1873. D'autres pays suivront à la fin du XIXe siècle : Argentine, Brésil, Autriche-Hongrie, Italie, Russie[61]. Cette généralisation de l'étalon-or va de pair avec le mouvement de libéralisation du commerce international amorcé par l'Angleterre en 1846 et l'abolition des *Corn Laws*, suivie par l'accord de libre-échange signé avec la France en 1860, qui sera à son tour suivi de la signature de multiples accords bilatéraux de ce type entre pays européens.

Pour la France cette période de stagnation est une période de forte montée de l'endettement public et d'une politique de relance de la croissance notamment avec la politique d'accélération de la construction des réseaux régionaux des chemins de fer (énorme plan Freycinet de commandes publiques entre 1878 et 1882), de faible croissance économique (elle est nulle selon les estimations disponibles), de détérioration de la balance commerciale et enfin de très forte croissance des activités financières. On estime que les émissions des sociétés privées atteignent le chiffre énorme de 4 milliards de francs (en 1881 cela correspond à la création de 430 sociétés pour 2 milliards de capital social), sans compter les emprunts émis sur le marché de Paris pour la Belgique, l'Autriche-Hongrie et la Russie. Cette montée en puissance de la finance s'accompagne de crises boursières récurrentes dans la plupart des pays d'Europe.

61 Marc Flandreau, Frédéric Zumer. 2004. *The Making of Global Finance 1880-1913*. OECD, Paris.

On peut distinguer les crises liées aux pays émergents (par exemple la faillite de la Barings[62] en 1890, liée au défaut de la dette argentine) et les crises internes aux pays développés marquées souvent par des crises sociales et/ou politiques, notamment en France.

4. De 1887 à 1913 : réduction des dettes publiques et mondialisation financière

Au Royaume-Uni et en France l'épargne abondante se détourne alors progressivement des dettes de l'État qui de son côté réduit ses appels au marché financier grâce à de forts excédents budgétaires. L'épargne se dirige de plus en plus vers les investissements dans les pays émergents qui se dotent des infrastructures modernes de communication comme le chemin de fer et les grands canaux de Panama ou de Suez. Ces investissements sont à hauts risques, car ces pays sont aussi souvent en guerre.

Les épargnants des pays développés, conseillés par leurs banques qui y ont des intérêts directs, de Londres, de Paris et de Berlin, se précipitent pour y souscrire. Mais les pays émergents (Turquie, Chine, Japon, Argentine, Australie, Brésil, Russie, etc…) nouvellement conquis par cette politique de recours à l'endettement public se retrouvent souvent en difficulté pour faire face aux engagements que cet

---

[62] En 1890, L'Argentine est secouée par une révolte Populaire contre le régime corrompu du président Miguel Juárez Celman, qui fut forcé de démissionner provoquant une crise de confiance sur ses dettes. Cette crise mit à jour la vulnérabilité de la banque Barings qui manquant des réserves suffisantes pour faire face à ses engagements en Argentine fut mise en faillite. Pour éviter une contagion à tout le système financier londonien, la Banque d'Angleterre, prit l'initiative d'organiser un consortium bancaire international pour la prise en charge des dettes de la Barings. La crise de la Barings eut des répercussions importantes sur les marchés des dettes émergentes et acquis le surnom de la « panique de 1890 ».

endettement implique et font de ce fait souvent défaut, entrainant dans leur chute les financiers qui les ont incités à s'endetter. Cependant les estimations faites par Lindert et Morton[63] permettent de calculer le taux de rendement réel moyen des investissements réalisés dans une dizaine de pays émergeants entre 19850 et 1914. L'investissement cumulé atteint pour 9.4 milliards de dollars, le taux de rendement est 2.1% par an ce qui est supérieur au rendement des emprunts publics anglais. Les rendements sont inégaux et vont de 6.4% pour l'Egypte à une perte de 0.7% pour le Mexique.

À la fin du XIXe siècle, ce sont les crises financières qui dominent et qui vont conduire à renforcer le rôle des banques centrales françaises et anglaises en tant que prêteur en dernier ressort pour éviter les collapsus monétaires.

Les crises financières à la fin du XIXe

1882 faillite de l'Union générale

On a déjà parlé de la multiplication des sociétés créées entre 1879-1881. Ces sociétés permettent d'accélérer l'industrialisation de la France. Les liquidités disponibles sont importantes et s'investissent de plus en plus en Bourse qui offre une variété grandissante de valeurs nationales ou étrangères. À partir du milieu de 1877 la spéculation s'enhardit et le cours des actions s'envole. Parmi toutes ces sociétés financières, l'Union générale anticipant la poursuite de la hausse des valeurs investit à tour de bras en France mais aussi à l'étranger. Lorsque la conjoncture boursière s'inverse la société tente de lancer un emprunt pour faire face à ses échéances mais échoue à lever les capitaux né-

[63] Peter Lindert et Peter Morton. 1989. *How Sovereign Debt Has Worked ?* in *Developing Countries Debt and the World Economy* edited by par Jeffery Sachs, NBER.

cessaires. Le président de l'Union générale commence à racheter les actions de sa société et détient jusqu'à 43% de ses propres titres qu'il a payé très cher ce qui le prive de toute marge de manœuvre. L'effondrement de l'Union générale entraine d'autres sociétés fragiles dans la débâcle. À l'initiative de la Banque de France et du groupe Rothschild un syndicat de banquiers se constitue pour venir au secours de la place financière, un prêt de 100 millions de francs est mis à la disposition de la Bourse pour racheter des actions évitant un effondrement général.

1888 faillite du Comptoir national d'escompte

Autre crise, celle du Comptoir national d'escompte qui est, au début des années 1880, la première banque de dépôt de la place de Paris ; spécialisée dans les emprunts d'État en France ou à l'étranger. Elle rachète en 1881 la Société des Métaux et, considérant les prix du cuivre comme anormalement faibles, elle tente d'acquérir sur ce marché une position dominante pour provoquer une remontée des cours. C'est ce qui se produit mais cette remontée des cours suscite un renouveau de la production de cuivre hors de son contrôle, provoquant un excédent d'offre et un effondrement du prix du cuivre en fin de 1888. Ce qui provoque une panique chez les détenteurs d'actions du Comptoir qui retirent en trois jours 115 millions de francs. Pour éviter que la panique ne s'étende au reste du marché, la Banque de France et plusieurs autres banques organise la reprise de l'entreprise par une autre société capable de faire face aux obligations de l'ancien comptoir.

Dans ces deux cas la crise est finalement cantonnée à un secteur et à quelques entreprises directement concernées évitant la contagion à l'ensemble de la place. La Banque de France apparaît comme le garant de la stabilité financière. « La Banque de France, tout en maintenant une activité d'escompte direct, se concentre de plus en plus sur le réescompte d'effets préalablement escomptés par des banques, sur la résolution des crises (comme en 1882 et 1889), et sur le maintien de la convertibilité métallique de la monnaie. Elle apprend ainsi son métier de Banque centrale avant d'en avoir le titre. »[64]

La Banque d'Angleterre n'est pas en reste mais en retard. À la différence des recommandations de Bagehot[65] qui incite en cas de crise à mener une politique de crédit très expansive pour accélérer la croissance globale de l'économie et à laisser faire faillite les entreprises en difficulté, permettant ainsi de sélectionner les entreprises les plus compétitives. Après bien des hésitations la Banque d'Angleterre adopte une politique similaire à celle de la Banque de France comme l'a montré le sauvetage de la Barings Bank en 1890 en organisant un syndicat de banquiers. Dans l'un et l'autre cas il s'agit d'employer des moyens extraordinaires pour éviter la contagion qui conduirait des entreprises saines à la faillite.

---

64 Pierre-Cyrille Hautcoeur. 2011. *Les transformations du crédit en France au XIXe siècle*. Armand Colin p23 à 38.

65 Walter Bagehot célèbre journaliste anglais dont les analyses sont souvent citées en cas de crise financière.

Chapitre 4
Cycles des dettes publiques en France et au Royaume-Uni avant la Première Guerre Mondiale

Ce que montre l'expérience historique c'est que les dettes publiques suivent des cycles longs d'accroissement, de stabilité à un niveau élevé puis de décroissance. Les graphiques 3 et 4 en apportent l'illustration pour les Pays-Bas depuis 1600, le Royaume-Uni depuis 1700 et la France depuis 1815 (voir aussi l'annexe 2). Dans chaque cas on observe des périodes de montée des dettes allant d'un siècle et demi pour la Hollande (guerre de libération contre l'Espagne, puis guerres contre la France et le Royaume-Uni pour le contrôle du commerce mondial), puis un siècle de baisse de 1835 à 1915 ; 130 années de hausse de 1790 à 1822 pour l'Angleterre (guerres contre la France), puis un siècle de baisse de 1822 à 1913. Enfin pour la France de 74 ans de hausse de 1815 à 1889 puis 24 années de baisse[66] ; Entre les deux guerres Le Royaume-Uni et la France ne parviennent pas à réduire leurs dettes et entrent en guerre en position défavorable (l'Allemagne a fait défaut sur sa dette domestique par l'hyperinflation de 1923 et par la répudiation de sa dette extérieure en 1933 ; elle aborde la Seconde Guerre Mondiale avec une dette sans doute encore faible

[66] Voir annexe 1

mais masquée par des artifices comptables). Après la Seconde Guerre Mondiale les dettes connaissent deux phases. L'une, de 25 années environ de baisse pour presque tous les grands pays développés. L'autre, à partir des deux chocs pétroliers et du ralentissement progressif de leur croissance, une hausse de la dette de quarante années, accélérée par la grande crise financière de 2008 puis par la pandémie. Cette tendance ne semble pas devoir se renverser de sitôt[67]. À la racine de ces évolutions, il y a bien sûr les déficits budgétaires qui résultent de l'excédent des dépenses sur les recettes de l'État.

Graphique 3 Dettes publiques des Pays-Bas et du Royaume-Uni 1600-2021 (en% du PIB)

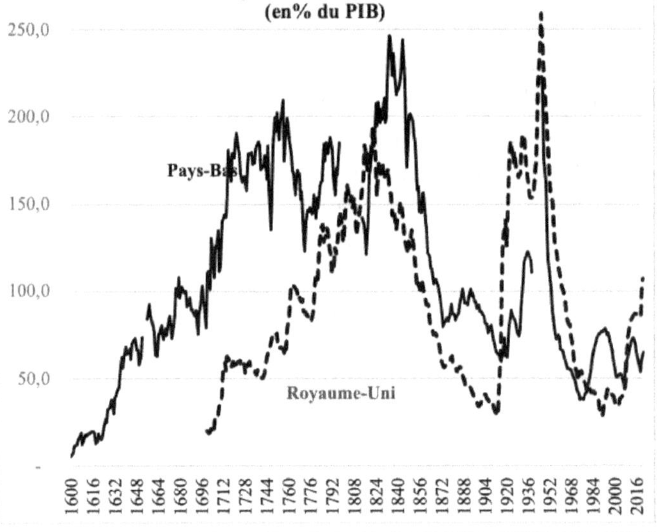

Source : voir Annexe 2

[67] Pour le détail des cycles de la dette française de 1815 à 2021 voir annexe

En temps ordinaires, celles-ci devraient être équilibrées, mais en cas de crise imprévue (guerre, crise financière ou sociale, catastrophe naturelle ou encore pandémie etc..), les dépenses publiques explosent et font apparaître un déficit financé par différents moyens : des emprunts à court et long terme, des avances de la Banque centrale, la création monétaire ou encore les impôts. L'emprunt est un pari sur l'avenir : dès que les causes de la crise disparaissent on doit pouvoir revenir à l'équilibre des comptes publics et à réduire la dette afin de pouvoir faire face à de nouveaux défis. Sinon, le risque c'est que le coût de gestion de la dette puisse atteindre un niveau tel que la confiance des investisseurs s'évanouissant, il devienne de plus en plus difficile d'attirer les capitaux de telle sorte qu'on commence à emprunter pour payer les intérêts de la dette, enclenchant une dynamique en forme de cercle vicieux accélérant la montée de l'endettement. Le gouvernement se déclare incapable de faire face aux échéances de paiements et fait défaut, détruisant ainsi le crédit du pays.

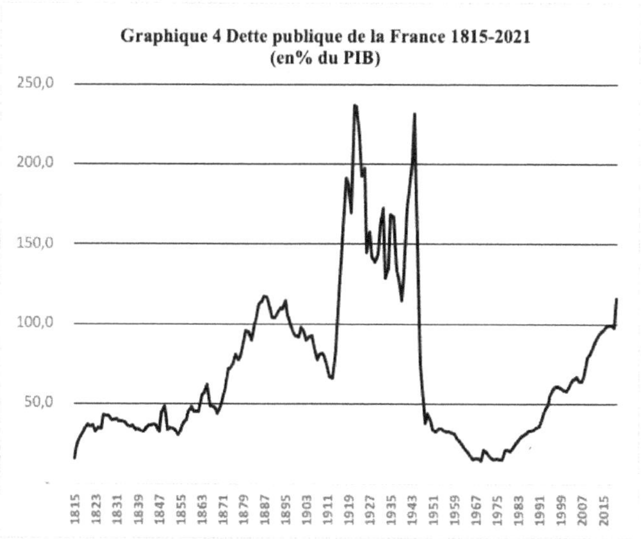

Source: annexe 2

1. À quelles conditions la dette publique est-elle soutenable à long terme ?

En simplifiant il y a quatre facteurs à prendre en compte. Tout d'abord il faut observer l'évolution des dépenses publiques et des recettes (impôts notamment) hors charges de la dette soit le solde primaire. S'il est négatif cela tend à faire monter la dette et s'il est positif il tend à la réduire. Le second facteur c'est l'évolution des taux d'intérêt nominaux qui sont, pour une part, déterminés par la banque centrale en fonction de l'état du marché et de l'inflation. Le troisième facteur c'est la croissance nominale (respectivement réelle) : si elle est supérieure au taux d'intérêt nominal (respectivement réel), alors le ratio de la dette sur le PIB baisse, toutes choses égales par ailleurs. Le quatrième facteur c'est la part de la dette détenue par l'étranger (par exemple en dollar) : en cas de dépréciation de la monnaie nationale le ratio de la dette s'accroit. L'analyse de la dynamique de la dette peut être formalisée de façon assez simple et est résumée (hors spéculation internationale) dans le cadre suivant.

2. Analyse de la dynamique de la dette publique

Le modèle

On s'appuie sur un cadre d'analyse classique, utilisé notamment par Julio Escolano, et Ali Abbas et alii pour le FMI[68]. Soit :

[68] Julio Escolano. January 2010. *A Practical Guide to Public Debt Dynamics, Fiscal Sustainability, and Cyclical Adjustment of Budgetary Aggregates.* Fiscal Affairs Department, IMF.
S. M. Ali Abbas, Nazim Belhocine, Asmaa El-Ganainy, and Mark Hortonn. 2011. *Historical Patterns and Dynamics of Public Debt—Evidence from a New*

$$d_T - d_0 = \sum b_t + \sum (r_t - g_t / 1 + g_t)\, d_{t-1} + \sum \textit{résidu}$$

L'indice t variant de 1 à T on calcule les valeurs cumulées des variables. La valeur de $1+g_t$ étant en général nettement inférieure à 1.05 la formule approximative devient :

$$d_T - d_0 = \sum b_t + \sum (r_t - g_t)\, d_{t-1} + \sum \textit{résidu}$$

- *d représente le ratio dette sur PIB*
- *b le solde budgétaire primaire, c'est-à-dire hors coût de la dette*
- *R est le taux d'intérêt réel, c'est-à-dire inflation déduite*
- *G est la croissance réelle du PIB*
- *Le terme résiduel capte ce qui n'est pas directement observé : les erreurs statistiques, les changements dans le classement des données en tant que dettes (par exemple les prêts garantis de l'État qui, s'ils ne sont pas remboursés, accroissent la dette), la part de la dette en devises étrangères dont la valeur fluctue avec le taux de change etc.*

La dynamique de la dette résulte donc de la politique fiscale qui détermine le solde budgétaire primaire, de l'évolution des taux d'intérêt réels et de la croissance. Si le solde reste constant l'évolution du ratio de la dette dépend de la politique monétaire et du dynamisme macroéconomique (in fine de la croissance de la productivité du travail)

Les données

Ce modèle est appliqué aux données de quelques pays majeurs. En premier on se consacre à l'analyse sur trois siècles de l'évolution de la dette publique anglaise, puis

---

Database. IMF Economic Review, Vol. 59, No. 4. Nicholas Crafts. 2014. *Reducing High Public Debt Ratios: Lessons from UK Experience*. CAGE Working Papers Series, n°199.

celle de la France depuis 1915. Après la Seconde Guerre Mondiale, on élargit l'analyse aux pays du G7: Canada, États-Unis, Allemagne, Japon et Italie.

Les données sur longue période sont difficiles à estimer[69] pour de multiples raisons. Les comptes nationaux officiels ne paraissent qu'après la Seconde Guerre Mondiale et s'appuient sur des données macroéconomiques incomplètes, mal définies et sur des estimations d'experts pour combler les trous. La qualité des estimations pour la période de l'après-guerre s'améliore sans cesse. En revanche, les données sur les périodes précédentes sont encore fragiles et les estimations disponibles offrent parfois des divergences importantes.

Les données de dettes publiques sont encore plus sujettes à caution (voir l'article d'Éric Monnet et Truong-Loï), notamment parce que les règles de la comptabilité publiques ont évolué dans le temps, mais aussi du fait de la volonté des gouvernements de masquer délibérément la réalité des comptes publics et notamment des déficits budgétaires par crainte de déclencher des attaques spéculatives.

La collecte des données de taux d'intérêts est aussi sujette à problème dans la mesure où ces données sont censées représenter l'état du marché alors qu'en réalité elles ont été souvent dictées par les autorités monétaires.

Pour le détail des sources voir l'annexe 1 ; les données utilisées sont disponibles auprès de l'auteur.

Dominance monétaire ou dominance budgétaire

Il y a souvent conflit entre les responsables de la politique économique et les banques centrales que leur mandat rend responsables prioritairement de la stabilité monétaire

[69] Eric Monnet and Blaise Truong-Loï. 2020. *The History and Politics of Public Debt Accounting*. Chapter 19 in A *World of Public Debts*, N.arreyre, N.Delalande editors. Palsgrave.

c'est-à-dire des prix. Lorsque les banques centrales dominent on dit que l'on est en situation de domination monétaire et dans ce cas l'État assure lui-même sa propre solvabilité, sans se reposer sur un financement monétaire de la dette publique. Le taux d'intérêt privé peut alors être fixé par le marché, tandis que la banque centrale règle son taux en fonction de l'inflation pour la maintenir au-dessous d'un certain seuil (2% pour la BCE). La dominance budgétaire (ou fiscale) s'oppose à la dominance monétaire, c'est une situation où les politiques budgétaires primant, les États s'endettent de plus en plus et la banque centrale doit abandonner en partie son objectif prioritaire de lutte contre l'inflation et procéder à un financement monétaire de la dette publique.

Au temps des monarchies absolues les dépenses publiques prenaient le pas sur la discipline monétaire, sans contrôle des dépenses publiques par les Parlements. C'est avec les Hollandais que les contrôles budgétaires par des élus s'imposent, ils assurent la maîtrise des dépenses et la gestion de la dette se fait selon des critères de marché. Au XVIIIe siècle le Royaume-Uni décide de créer une « dette nationale » qui sera sous le contrôle du Parlement, la France en suivra l'exemple à partir de la Révolution. Dans les périodes de crise la dominance monétaire laisse la place à la dominance budgétaire, ainsi même lorsque les banques centrales sont dites indépendantes, la prise en compte de l'intérêt général s'impose à elles. Et il y a de fait une coordination des institutions pour faire face aux crises.

3. Le Royaume-Uni de 1700 à 1913 : un modèle de continuité

L'accumulation des dettes 1689-1822

J'ai choisi de présenter en premier le cas de la dette anglaise entre 1700 et 1913 car sa gestion apparaît exemplaire. À partir d'une dette publique quasi nulle à l'arrivée de Guillaume d'Orange sur le trône d'Angleterre en 1689, celle-ci atteint, par paliers successifs, des niveaux exceptionnellement élevés, proches de 200% du PIB en 1822 (graphique 3). Puis elle décroit de manière tout aussi spectaculaire de 1822 à 1913 où elle n'est plus que de 28.3%.

L'accession de Guillaume d'Orange au trône du Royaume-Uni facilite l'importation des techniques financières hollandaises pour mener la guerre contre la France catholique de Louis XIV qui menace le Royaume-Uni protestant. De plus la France cherche à dominer le continent européen. Un état de guerre quasi permanent oppose les deux pays jusqu'à la fin du Premier Empire en 1815.

La réforme des institutions financières anglaises, inspirée de l'expérience hollandaise, va permettre au Royaume-Uni de gérer une dette colossale sans faire défaut. La dette s'est avérée soutenable à la fois parce que le Parlement, dont les membres font partie des hommes les plus riches du Royaume, qui ne représentent 2,8% de la population en âge de voter contre 21,5% en France en 1880)[70], contrôle le

[70] La Révolution française avait proclamé le suffrage universel pour la population adulte male dès 1793, mais cette loi ne put être appliquée à l'époque, il faudra attendre la révolution de 1848 pour que celle-ci devienne réalité. Jusqu'en 1831 sous la Restauration seuls 0.8% de la population adulte a le droit de vote, contre 3.8% au Royaume-Uni. En 1848 le corps électoral en France représente 43.4 % de la population de plus de vingt ans, contre 6.3% au Royaume-Uni. Les femmes sont exclues. Celles-ci n'accèdent au droit de vote en France qu'en 1950, ce qui porte le corps électoral à plus de 88.30% de la population de plus de vingt ans. L'intégration des femmes est réalisée dès 1918

budget et vote les impôts et les emprunts nécessaires au financement d'une partie des dépenses de guerre[71]. L'autre facteur tient à la création d'une banque centrale à capitaux privés indépendante en 1694, la Banque of England. Elle émet des actions vendues au public pour un montant qui ira croissant au fil des besoins, le produit de ses actions sert à financer une part de la dette publique[72]. La Banque est chargée par ailleurs de sa gestion en préservant les intérêts des « rentiers » ses fondateurs. De plus elle joue le rôle d'un Trésor public chargé de financer les opérations financières à court terme de l'Etat. Par ailleurs une autre partie des sources de financement de la dette provient de la vente des actions de la Compagnie des Indes Orientales en échange du monopole du commerce et des profits considérables qu'elle génère.

Cependant la période 1701-1822 montre clairement les dangers qu'il y a à s'endetter fortement lorsque les taux d'intérêt sont élevés et l'inflation faible. On assiste au début de cette période à une montée brutale des déficits consécutifs à la guerre contre Louis XIV, ces déficits doivent être financés à un prix élevé ce qui provoque aussitôt une montée brutale des coûts de l'endettement, qui accroissent à leur tour les besoins de financement. Les épisodes de paix ensuite ne dureront pas assez longtemps pour rééquilibrer les comptes. C'est un cercle vicieux dont l'Angleterre ne sortira pas avant une longue période de paix au XIXe siècle.

---

au Royaume-Uni où le droit de vote concerne 74% de votants de la population de plus de vingt ans et 96% à partir de 1929. Stefano Bartolini. 1996. *Equality and turnout in the European democratisation process: preliminary comparative analysis*. The European University Institute. Working paper n° 121.

[71] Le Royaume-Uni parvient à mobiliser deux fois plus de recettes fiscales que la France de la monarchie absolue ou de la Révolution.

[72] Cela dit la gestion des finances publiques n'a pas été un long fleuve tranquille comme pourrait peut-être le faire croire cette synthèse arithmétique : il y a eu plusieurs crises graves : 1707, 1720 1788, 1803, la panique de 1825 et les autres crises financières du XIXe siècle…

Le bilan global de la période de hausse des dettes de 121 ans fait apparaître une progression moyenne annuelle de la dette de 1.4 points de PIB, malgré une politique fiscale énergique (accroissement des impôts et réduction des dépenses civiles) qui permet de dégager un solde primaire (hors coût de la dette) excédentaire moyen de 1.6 points de PIB. Les sources de la montée de la dette proviennent principalement de son coût de financement qui se monte à 3.8% en intérêts réels, alors que la croissance n'est que de 1.1%. Il reste un solde inexpliqué de 0.3% de dettes supplémentaires.

Au cours de ces années le Royaume-Uni a dû prendre à plusieurs reprises des mesures d'urgence. Ainsi à la fin des guerres du règne de Louis XIV, la France et l'Angleterre sont financièrement exsangues. Les deux pays vont recourir à une tour de passe-passe qui consiste à transformer une grosse partie de leurs dettes en actions de société privée dont l'objet est en partie fictif (une sorte d'escroquerie). C'est la société du Mississipi du côté français, créée dans la perspective du développement des pays riverains du Mississipi alors qu'il n'y a rien de concret sur place, et la South Sea Company du côté anglais qui vend au public le monopole du commerce des esclaves avec les colonies espagnoles que l'Espagne n'a jamais concédé (cette astuce a été qualifiée de ce côté-là de la Manche de « successfull conjuring trick »).Du côté français cela se termine par la faillite totale de la société et la ruine des épargnants, tandis que du côté anglais on limite les pertes, en renflouant une partie des pertes de la compagnie. Cela s'apparente dans les deux cas à une forme de défaut, complète du côté français atténuée du côté anglais. Les épargnants français s'en souviendront longtemps.

À partir de 1793 le Royaume-Uni entame les guerres contre la France de la Révolution et du Premier Empire avec une dette déjà élevée proche de 100% du PIB. Il va réussir à l'accroître de manière extravagante en se finançant par la création d'un lourd impôt sur le revenu, par la dette et par l'émission massive de papier monnaie, émission qui est rendue possible grâce à la suspension de la convertibilité or de la livre sterling (qui se dépréciera de fait de près de 30%). L'abondance de liquidités fut aussi relayée par l'abondance de crédit, la spéculation et une très forte inflation (60% environ sur la période 1794-1815).

Au retour de la paix le gouvernement britannique se trouve face à une dette insoutenable et doit prendre des mesures drastiques et choisir entre une réduction forcée de cette dette (une sorte de défaut) ou mener une politique de déflation drastique pour pouvoir rétablir la parité or de la livre. La première solution peut se justifier dans la mesure où la dette a été émise à un prix inférieur au par. Ainsi la dette nominale émise entre 1794 et 1817 avait une valeur nominale (faciale) de 569 millions de £ tandis que l'argent réellement recueillit n'atteignait que 396 millions[73]. La solution aurait pu être de commencer à rembourser cette dette au prix du marché secondaire au risque cependant de ne pouvoir renouveler sa dette par la suite. David Ricardo proposera au Parlement en 1916 de taxer toutes les formes de capital y compris les titres de dettes publiques, taxes qui serviraient ensuite à racheter les dettes à leur valeur de marché et à les annuler.

---

[73] Pour encourager la souscription de titres promettant une rente de 5% très en-dessous du prix du marché on compensait par cette émission en dessous du par. Les souscripteurs pariaient aussi sur des gains en capital.

Tableau 3 Dynamique de la dette du Royaume-Uni 1701-1913

	Variation dette	Solde primaire	Intérêt	Inflation	Croissance réelle	Contribution à la hausse de la dette	Variation induite	écart
		b	i	π	g	(i-π-g)	d*(i-π-g)-b	
Cumul 1701-1822	175,1	199,3	513,2	50,8	130,3	332,1	103,1	72,0
Moyenne	1,4	1,6	4,2	0,4	1,1	2,7	0,8	0,6
Cumul 1822-1913	-165,8	317,8	286,3	-2,4	188,4	100,2	-193,8	28,0
Moyenne	- 1,8	3,5	3,1	-0,0	2,0	1,1	- 2,1	0,3

Source: Voir annexe 1

Les membres du Parlement, qui sont eux-mêmes les principaux détenteurs de ces dettes, s'y opposeront et feront le choix de la déflation par la réduction des dépenses publiques. De plus ils décideront supprimer l'impôt sur le revenu dont ils sont aussi les principaux contributeurs. Le pari était risqué : la déflation tend à diminuer le PIB nominal de 452 millions de £ en 1814 à 385 millions vers 1822, tout en préservant la valeur nominale de la dette et donc in fine à accroître le ratio dette sur PIB. Ce qui se produit entre 1815 et 1822 alors que la guerre est finie (33 points de PIB environ en plus !).

Par la suite le solde primaire fait plus que doubler, en points de PIB, et les taux d'intérêts baissent fortement. À partir de 1822 le gouvernement procède à la conversion des titres de dettes : les titres à 5% sont réduits à 4% puis à 3.5% en 1834, à 3% en 1854, à 2.75 en 1888-89, et enfin à 2.5% en 1903. Les intérêts versés sur la dette ont alors baissé de 32 millions de £ en 1817 à 19.4 millions 1913. L'inflation est nulle et la croissance accélère fortement grâce à la révolution industrielle. Le solde primaire suffisant pour stabiliser la dette aurait suffi d'être de 124 points alors qu'il atteint 317 points ce qui se traduit par une réduction drastique du ratio de la dette à 28.3%. La réduction du ratio de la dette au seuil de la Première Guerre Mondiale est presque parfaite.

Ce que nous enseigne cette période c'est que les taux d'intérêt ont joué un rôle décisif dans la montée des dettes et que la politique suivie a été pour l'essentiel orthodoxe (excédent primaire) hormis les années de tension extrêmes, mais que la confiance dans les institutions a permis de soutenir des niveaux de dettes extraordinairement élevés. C'est un cas de dominance monétaire, comme cela sera le cas de la France pour le XIXe siècle.

4. Les cycles de la dette publique française 1815-1913

Les séries statistiques de la dette publique montrent clairement leur nature cyclique qui reflète à la fois la très grande instabilité politique intérieure et extérieure. Au-delà des variations annuelles de la dette, on peut distinguer trois grands cycles, marqués par deux guerres et deux occupations étrangères (1814-1815 et 1870-71), trois révolutions et quatre changements de régime, sans compter les changements de majorité politique de la Troisième République. Les données statistiques disponibles pour l'analyse étant de qualités inégales, j'ai choisi de privilégier l'analyse du dernier cycle de la période (tableau 4) : ce qui correspond à une phase de montée des dettes de 1870 à 1887, puis à une phase de baisse de 1887 à 1913.

Les évolutions des deux périodes se compensent en grande partie : 69 points de PIB de hausse du ratio de la dette dans la première période (1870-1887) contre 51 points de baisse dans la seconde. Dans la première période le différentiel intérêt croissance réelle est très défavorable (74.1 points de PIB) et conduit à une hausse de la dette qui n'est que marginalement réduite par un excédent primaire de 13.2 points. Ce qui n'est pas soutenable. En revanche dans la seconde période le différentiel r-g est réduit à 18.5 points tandis que le solde primaire atteint 66.7 points ce qui permet de réduire la dette de 50 points. Dans les deux périodes, ce sont les charges d'intérêt de la dette qui pèsent le plus lourd, bien qu'elles diminuent dans la seconde période pour venir au niveau des taux du Royaume-Uni à 3.1%. Les autres différences entre les deux périodes jouent aussi en faveur de la réduction de l'endettement : la croissance réelle accélère et passe en moyenne de 0.7% à 1.9% et l'inflation de nulle monte à 0.6%.

La résilience des systèmes financiers a été mise à rude épreuve dans les deux pays du fait des guerres bien sûr mais aussi de l'instabilité politique en France qui, au seuil de la Première Guerre Mondiale, supporte encore une dette élevée. Au contraire les gouvernements du Royaume-Uni ont tout mis en œuvre pour pouvoir financer une nouvelle guerre qu'ils pensaient inévitable avec l'Allemagne. La stabilité des monnaies a été préservée, l'ouverture commerciale et le système de l'étalon-or se sont étendus à toute l'Europe après 1870. Au seuil de la Première Guerre Mondiale Londres et dans une moindre mesure Paris dominent la finance mondiale et une grande partie du monde colonial. Les dépenses publiques ne sont guère plus élevées qu'au début du XIXe siècle, les politiques sociales d'éducation, de santé et vieillesse sont encore dans les limbes.

Tableau 4 Dynamique de la dette de la France 1870-1913

	Variation dette	Solde primaire sur PIB	Intérêt réel	Croissance réelle	Différence intérêts croissance réelle	Contribution à la variation de la dette	Solde	Inflation
	dt-d0	**b**	**r**	**g**	**r-g**	**-(b-(r-g))**	**(dt-d0)-(b-(r-g))**	**π**
Cumul 1870-1887	69,0	13,2	87,1	13,0	74,1	+60,8	8,2	-10,0
Moyenne	3,8	0,7	4,8	0,7	4,1	+3,4	0,4	-0,6
Cumul 1887-1913	-50,7	66,7	69,6	51,1	18,5	-48,2	+2,5	15,1
Moyenne	-1,9	2,5	2,6	1,9	0,7	-1,8	+0,1	0,6

Sources : L.Fontvieille, P.Villa et calculs de l'auteur

À ce stade on n'a pas évoqué les cas de l'Allemagne et des États-Unis, grandes puissances émergentes, car elles sont relativement peu endettées du fait en partie de la nature fédérale de leurs institutions qui limite la fiscalité de l'État central au profit des États membres, jaloux de leur autonomie.

Chapitre 5
Le financement quoi qu'il en coûte des guerres mondiales et leurs conséquences à long terme

1. La fin de la première mondialisation libérale

En 1913 le système monétaire dominant le monde est le système de l'étalon-or qui implique simultanément des taux de change de monnaie stables, car leur équivalent en or est fixe et garanti, encourage la liberté du commerce (les pays se spécialisent dans les activités où ils sont relativement les plus efficaces, pour que tout le monde y gagne) et des mouvements internationaux des capitaux (l'épargne s'investit là où c'est le plus rentable). Ces politiques imposent un équilibre budgétaire strict et une dette publique faible, ou à baisser si elle est élevée, une inflation faible ou même négative. Dans ce système tous les pays sont supposés être gagnants et cela devrait assurer la paix et la prospérité (selon la vision du « doux commerce » cher à Montesquieu). La prospérité existe mais profite surtout aux plus riches, la paix (à l'exception de la guerre franco-russe de 1870) va durer un siècle, mais les rivalités entre les nations européennes pour le partage du monde s'aggravent. L'Allemagne puissance émergente affirme de plus en plus sa supériorité industrielle et démographique. Elle se sent à l'étroit dans un monde dominé par le Royaume-Uni et la France, elle ne le supporte plus, et se saisira du premier prétexte venu pour entrer en guerre en pensant l'emporter rapidement grâce à sa supériorité industrielle.

Or l'entrée en guerre requiert le financement immédiat et quasiment illimité des dépenses publiques. Les instruments classiques de financement sont l'impôt qui a la préférence des libéraux, mais ne répond pas à l'urgence du moment et ne plait pas aux électeurs, l'emprunt qui a la préférence des financiers et des saint-simoniens (entre autres), mais suppose la confiance des investisseurs et des épargnants (les rentiers), enfin il y a l'émission de monnaie par la banque centrale mais il y a le risque inflationniste qui est la solution de facilité pour alléger le poids des dettes. De fait les pays en guerre vont utiliser massivement ces différents instruments mais dans des proportions très variables selon les pays. On se concentre ici sur les trois principaux protagonistes : l'Allemagne, la France et le Royaume-Uni.

La guerre réduit et déséquilibre le commerce extérieur pour les pays belligérants au profit des pays en paix (Japon, Pays Bas, Amérique latine notamment). Les exportations se réduisent soit parce que la production intérieure civile exportable chute au profit de la production d'armements, soit parce que l'on établit un blocus armé (contre l'Allemagne et l'Autriche-Hongrie en particulier), tandis que certaines importations apparaissent incompressibles comme les matières premières pour l'armement (l'acier et le cuivre) ou les produits alimentaires, du fait de la réduction des productions nationales. Les États, qui suspendent la convertibilité interne de leur monnaie, et qui cherchent à maintenir la valeur extérieure de cette monnaie et leur capacité d'emprunt, sont conduits à contrôler étroitement les mouvements de capitaux et de commerce. C'est la fin du paradigme libéral, mais, pense-t-on, ce n'est que provisoire, comme cela avait déjà été le cas pendant les révolutions de 1848 et la guerre franco-prussienne de 1870-71.

Les atouts financiers des belligérants à la veille de la guerre

Les dettes de l'Allemagne qui atteignent entre 1885 et 1913 40,8 % du PIB en moyenne sont stables (tableau 5). Elles sont assez faibles et équivalentes à celles du Royaume-Uni (en moyenne 40,6%), mais ces dernières baissent encore jusqu'à 27,9% en 1913. Quant à la France son endettement reste extrêmement élevé, même s'il se réduit comme on vient de le voir de 95% à 66%[74] en 1913. À cette date la France fait partie des pays les plus endettés d'Europe tels que l'Italie, les Pays-Bas, l'Espagne, le Portugal (ainsi que le Japon) avec un ratio de dette sur PIB supérieur à 50%. La charge de cette dette est importante pour la France, elle pèse pour environ 34% du total des dépenses l'État, mais elle est assez bien supportée grâce à une épargne domestique abondante signe de la confiance du public des rentiers, et à un excédent quasi structurel de sa balance des paiements courants.

---

[74] Cependant on assistait depuis plusieurs années à une détérioration des comptes publics due à la fois au coût des guerres coloniales et à la préparation de la guerre à venir, tant et si bien que les données budgétaires deviennent douteuses face à un Parlement indocile qui ne vote pas les budgets qui lui sont soumis. Il est préférable de masquer la situation réelle, le gouvernement sous-estime les déficits publics. La conséquence c'est un gonflement des dettes à court terme qui atteignent en 1913 1.2 milliards de francs.

Tableau 5: Dette publique 1913-1939 (en% du PIB)

Pays	1 913	1 920	1 924	1 938
Belgique	43,5		128,5	64,7
Brésil	37,7		26,5	29,1
Canada	20,7	58,4	72,5	90,8
Danemark	15,6	12,5	17,3	16,6
France*	66,3	169,6	192,4	129,1
Allemagne**	38,5	182	4,2	20,1
Italie	77,2	159,7	142,8	71,4
Japon	53,6	25,6	33,1	66,9
Pays Bas	64,1	62	86,3	117,9
Norvège	19,7	15,1	27,8	25,7
Portugal	49,2	45	60	28,1
Espagne	76,7	37,9	56,7	
Suède	15,3	12,1	20,7	20,7
Suisse	2,7		28,9	31,2
Royaume-Uni	27,9	137,8	188,8	155,1
États-Unis	3,2	27,9	24,4	43,2

Source : FMI; * France estimation 1938; ** Allemagne estimation 1920[1]

La France est, après le Royaume-Uni le principal centre financier international, elle est la première pour le placement des dettes publiques (ou quasi publiques) des pays émergents (Russie en particulier). Le Royaume-Uni domine dans le financement des entreprises privées notamment pour le développement des ressources minières dans les pays émergents de l'Empire et d'Amérique latine. On estime le portefeuille français à 45 milliards de francs en 1913, celui de la Grande Bretagne a plus du double [75]. L'Allemagne est très en retrait dans ce domaine et son marché monétaire reste très limité.

[75] Maurice Obstfeld & Alan M. Taylor. 2003. *Globalization and Capital Markets*. In *Globalization in Historical Perspective*, Editors: Michael D. Bordo, Alan M. Taylor and Jeffrey G. Williamson. NBER. University of Chicago Press.

La France disposait de réserves d'or considérables (tableau 6), deux fois et demie celles de l'Allemagne. Quant au Royaume-Uni il ne disposait alors que de très peu de réserves en or, mais la livre sterling étant la monnaie internationale, cela lui donnait un accès aisé aux ressources financières internationales ; de plus il disposait du plus large marché financier domestique du monde. L'Allemagne ne disposait ni d'un stock d'or important, ni d'un marché monétaire très développé. De plus, une fois la guerre déclarée, l'Allemagne perdit pour l'essentiel son accès aux grands marchés internationaux (Londres et Paris) et vit ses actifs séquestrés.

Tableau 6 Réserves des banques centrales en or
(En millions de dollars; 20.67$ l'once d'or fin, 35$ l'once après 1934)

	Monde	Etats-Unis	France	Royaume-Uni	Allemagne
1913	4.859	1.290	678	165[1]	279
1920	7.255	2.451	686	754	260
1923	8.653	3.834	710	745	181
1930	10.944	4.225	2.100	718	528
1940	n.d.	21994	2.000	1.041	28

Source: Federal Bank of Saint Louis. 1943. Banking and Monetary Statistics 1914-1941. Pages 544 et suivantes. https://fraser.stlouisfed.org/title/banking-monetary-statistics-1914-1941.

2. L'entrée en guerre[76] et les crises de liquidités de juillet 1914

Avant même l'entrée en guerre les États se trouvent face à une crise de liquidité majeure qui menace de paralyser leur économie. Les citoyens face à la perspective de l'entrée en guerre ont pour reflexe de se précipiter pour tenter de

[76] Le 28 juillet l'Autriche-Hongrie déclare la guerre à la Serbie, ce qui déclenche par le jeu des alliances une série en chaine de déclarations de guerre.

retirer leurs dépôts des banques et de changer leurs billets en métal précieux auprès de leur banque centrale. Celles-ci font face à un véritable bank run dans tous les pays d'Europe.

La réaction immédiate consiste à demander aux banques centrales d'émettre massivement de la monnaie papier (ce qui avait été en général prévu par ces banques avant l'entrée en guerre mais s'est révélé insuffisant) pour que le Trésor puisse financer les dépenses militaires qui explosent immédiatement : dépenses en armements, en uniformes, en alimentation, en transport etc. pour les millions d'hommes mobilisés. Cela contribue à soutenir la demande intérieure et donc à alléger les contraintes de liquidités. Par ailleurs les gouvernements décident la suspension de la convertibilité or de leur monnaie, de limiter les retraits en banque, en fixant un montant maximum et en réduisant la fréquence des demandes de retrait, enfin ils offrent un taux d'escompte plus élevé. Cependant aucun des belligérants n'a prévu de mener une guerre longue, tous pensaient l'emporter rapidement et obtenir des compensations de l'ennemi, sur le modèle de la guerre de 1870 pour l'Allemagne, pour les dépenses engagées.

Début de panique en Allemagne

L'Allemagne s'était préparée de longue date à la guerre notamment sur le plan financier. En avril 1891 les plans militaires et financiers qui seront mis en œuvre en août 1914 sont prêts. Stratégiquement l'Allemagne prévoit de gagner une guerre éclair contre la France et son alliée le Royaume-Uni, puis de se retourner contre la Russie qui mettra du temps à mobiliser son armée. Son modèle est celui de la Guerre de 1870-71 : sa victoire éclair sur la France et les réparations importantes qu'elle en a obtenu lui ont permis de rembourser les dépenses militaires exceptionnelles engagées et d'en conserver une partie comme trésor de guerre.

Malgré cette préparation une panique se produit fin juillet lorsque la guerre paraît inévitable. Le basculement de l'Allemagne dans l'économie de guerre est quasi instantané, alors que la Wehrmacht aux premières heures du 4 août envahit la Belgique et le Luxembourg, deux pays neutres. Le Parlement allemand vote le plan de financement de la guerre comme prévu[77], il suspend la convertibilité or de la monnaie, provisoirement dit-on, le temps de remporter la victoire. La *Reichsbank* devient l'agent financier de l'État et, bien que banque à capitaux privés, elle lui est intégralement soumise. Même si son gouverneur ne se privera pas de mettre le gouvernement en garde contre les excès de la création monétaire, il ne pourra pas s'y opposer.

Par ailleurs la *Reichsbank* est autorisée à contourner son obligation (imposée par la loi bancaire de 1875) de maintenir un ratio de 30% entre les billets en circulation et son stock d'or en établissant des Caisses de prêts (*Darlehnskassen*), possédées et gérées par elle, auprès desquels les particuliers, les banques, les entreprises ou l'État lui-même, peuvent obtenir des liquidités - sous forme de notes qui ont cours légal au pair avec la monnaie de la *Reichsbank* dans toutes les agences gouvernementales sans être prises en compte dans le bilan de la Banque et sans être garanties par des réserves[78]. Selon le terme utilisé par G. Hardach il s'agit d'une sorte de banque centrale fantôme. La nouvelle législation autorise la *Reichsbank* à inclure dans ses réserves primaires les billets émis par ces nouveaux établissements

---

[77]Source : Gerd Hardach.2015. *De l'argent pour Armageddon. La mobilisation financière de l'Allemagne entre 1914 et 1918*. In *La mobilisation financière pendant la Grande Guerre*, éditrices Florence Descamps and Laure Quennouëlle-Corre, Histoire économique et financière XIXe-XXe. Institut de la Gestion Publique et du Développement Economique (IGPE). D'une manière générale l'entrée en guerre financière avait été soigneusement préparée de longue date, les lois votées en août 1914 étaient prêtes depuis 1891. Par ailleurs on avait imprimé en 1913 pour plusieurs centaines de million de marks de billets de banque centrale qui pouvaient être mis sur le marché en quelque jours.

[78] Gerd Hardach op.cit.

financiers et à accepter les bons ou les obligations émis par le ministère des Finances comme réserves secondaires.

Le mythe d'une monnaie gagée sur l'or était maintenu et le système pouvait cependant émettre de la monnaie en quantité quasi illimitées. La préservation du stock d'or tout au long de la guerre permit de maintenir la fiction d'une monnaie garantie en or. Cependant le ratio entre les billets en circulation et ce stock tombera de 30% (ratio légal) à moins de 8% en 1918 et deviendra quasi nul ensuite.

Dès le début septembre, après quelques semaines de guerre seulement, il apparaît que la victoire rapide échappe aux armées allemandes sur la Marne qui sera suivie de leur repli puis de leur enterrement dans les tranchées ce qui met fin à la guerre de mouvement, au moment où l'armée russe entre en campagne…Au lieu de réfléchir à la possibilité d'arrêter là les frais, le gouvernement allemand se mobilise encore davantage et accroit ses dettes. L'Allemagne, pas plus que les autres pays entrés en guerre, n'ont planifié une guerre longue et n'a pas de plan B : le provisoire devient permanent.

À aucun moment les États en guerre ne manqueront de liquidités, bien au contraire, c'est au sortir de la guerre qu'il faudra faire face aux engagements financiers pris, sans compter la question des réparations de guerre pour celui qui sera vaincu.

La crise financière de 1914 au Royaume-Uni : improvisation et innovation[79]

L'ultimatum de l'Autriche à la Serbie du 23 juillet provoque des ventes massives sur toutes les bourses européennes mais le pire advient au cours de la semaine du 27

[79] Richard Roberts. 2018. *Le ministère des Finances britannique et la gestion de la crise financière de 1914 en Grande-Bretagne – Improvisation et innovation.* IGPE.

juillet au 1er août où, à Londres, les marchés des changes, de l'escompte et des valeurs mobilières s'effondrent.

Le Royaume-Uni, la première puissance financière du monde d'alors, disposant d'une solide position financière internationale et d'un faible endettement public, se révèle la moins bien préparée[80]-ceci explique cela- à l'impact violent de l'entrée en guerre, et subit de très fortes tensions entre fin juillet et septembre 1914. L'improvisation face au chaos lui permettra, en reniant toutes les règles de l'orthodoxie financière, de faire face. Ces décisions prises dans l'urgence, seront maintenues tout au long de la guerre ; avec l'idée qu'une fois celle-ci terminée on en reviendra au « bon vieux temps » d'avant. Allemands et Français sont aussi d'accord, au moins sur ce point-là.

La sévérité de la crise provient pour une part du fait que le Royaume-Uni détient la seule monnaie internationale de l'époque, la livre sterling : le commerce international se traite pour l'essentiel à travers des lettres de change rédigées en £, ces lettres sont une forme de crédit commercial à court terme. Lorsque la guerre éclate les détenteurs de ces titres vont chercher à en obtenir le remboursement immédiatement et vont se garder d'en proposer de nouveaux, provoquant ainsi un blocage net des transactions internationales. Les transferts internationaux d'or sont, de fait, suspendus.

Ce blocage international met en difficulté les banques d'affaires britanniques qui en sont les principaux acteurs, elles-mêmes sont fortement endettées auprès de leurs banques commerciales de dépôts qui réclament à leur tour leur remboursement menaçant de les mettre en faillite. À cela s'ajoute le comportement des citoyens britanniques qui vont chercher à leur tour à se faire rembourser leurs billets

---

[80] « La crise financière de 1914 prit totalement par surprise les banquiers, les courtiers et les opérateurs de marché londoniens, mais aussi la banque centrale et le ministère des Finances britanniques », R. Roberts op.cit. page 7.

de banque auprès de la Banque centrale, de même pour leurs divers titres de crédit garantis en or. Les files d'attente se forment à la porte de la Banque d'Angleterre qui sous-estime la gravité de la situation et voit les ressources or de la Banque s'évaporer à grande vitesse, jusqu'à ce que le ministre des Finances décide de prendre les choses en main.

Profitant début août 14 d'un weekend prolongé, les opérations de bourse sont suspendues, suivies d'un moratoire sur le remboursement de toutes les lettres de change, puis l'arrêt du remboursement des billets de la Banque d'Angleterre en or. À la place le ministère des Finances émet du papier monnaie (les *Special Currency notes*) notamment en petites coupures d'une livre sterling[81], pour faciliter la vie quotidienne, et pour assurer les dépenses de guerre immédiates. Cette monnaie est garantie par l'État pour la durée de la guerre, lorsque la convertibilité or sera rétablie.

Après quelque temps d'hésitation le calme revient, mais le pouvoir financier est désormais aux mains du ministère des Finances, seul capable d'assurer la liquidité de l'économie à tout prix. Au début l'État émet des emprunts à long terme, mais celui de novembre 1914 est un fiasco, conséquence de la méfiance des gens aisés. Les emprunts qui suivent reçoivent un bon accueil et permettent de consolider la dette flottante jusqu'en 1917, date à partir de laquelle le Trésor se résout à accroître sa dette flottante. Des trois protagonistes, le Royaume-Uni sera le moins enclin à se financer par la planche à billets grâce à ses autres ressources plus abondantes : impôts, emprunts nationaux mais aussi internationaux, c'est ce que nous verrons par la suite.

---

[81] Jusque-là les seuls billets émis étaient de 50£ correspondant à plusieurs mois de salaires, elles n'avaient donc pas pour but de servir dans la vie courante. Une £ correspondait à une guinée d'or.

La crise de juillet 1914 en France

Comme au Royaume-Uni les épargnants commencent à s'inquiéter dès le mois de juillet, les cours de bourse baissent de 10% entre le 30 juin et le 27 juillet. La déclaration de guerre de l'Autriche à la Serbie déclenche une panique. En une semaine 27 juillet au 1er août les demandes d'escompte auprès de la Banque de France doublent et réduisent rapidement ses réserves.

Dès la fin juillet une série de mesures d'urgence sont prises :

- 31 juillet moratoire sur les opérations à terme (levée partielle fin 1915).
- 1er août hausse du taux de l'escompte de 3,5% à 6% pour suivre l'exemple anglais.
- 2 août gel partiel des dépôts et des comptes courants en banque, retraits limités à 250 francs et/ou à 5% du total des dépôts.
- La Loi du 5 août suspend la convertibilité or et impose le cours forcé du franc.
- 12 août émission pour 1.5 milliards de francs de petites coupures de 5 et 10 francs[82].
- 21 septembre 1914 les avances directes autorisées de la Banque de France à l'État sont portées de 2.9 milliards (loi du 11 novembre 1911) à 6 milliards de francs, à un taux d'intérêt nul pendant la durée de la guerre et sans date inscrite de remboursement. Ce plafond sera relevé à plusieurs reprises par la suite.

L'émission en masse de bons du Trésor pour faire face à l'urgence de la montée des dépenses militaires doit, pense-t-on, être consolidée rapidement par l'émission d'emprunts à long terme. La première tentative d'emprunt fin 1914 est

---

[82] Tout comme la Banque d'Angleterre, la Banque de France limitait l'émission de petites coupures pour limiter l'usage de la monnaie papier dans la vie courante. 5 francs cela représentait l'équivalent du salaire journalier d'un ouvrier non qualifié en province.

un échec (échec aussi au Royaume-Uni, succès en revanche en Allemagne : les opinions publiques européennes anticipent-t-elles plutôt une victoire de l'Allemagne ?). Cet échec sera camouflé grâce aux achats de la Banque de France et de la Caisse des dépôts, faits à la demande pressante de leur ministre des Finances. Il faudra attendre 1916 pour qu'un emprunt à long terme significatif vienne consolider une petite partie de la dette publique. Sur ce plan la France est très en retard par rapport au Royaume-Uni et à l'Allemagne.

On s'installe à partir de la fin de 1914 dans une guerre d'attrition, de destruction massive des ressources matérielles et humaines, pour laquelle aucun plan n'a été prévu.

3. Le financement de la guerre 1914-1918

L'Allemagne à bout de souffle en 1917

Pendant les années qui précèdent la guerre, l'Allemagne finance facilement ses dépenses ordinaires et dégage des excédents, en revanche son budget militaire classé hors budget s'accroît sensiblement, il atteint un montant équivalent à celui des dépenses civiles. Il est financé par des emprunts à long terme car il est considéré comme un « investissement d'avenir », selon les économistes du pouvoir.

Tableau 7 Allemagne : budgets ordinaires et extraordinaires De mars 1913 à mars 1919 en milliards de marks

Période	Dépenses ordinaires	Dont : charges de la dette	Recettes ordinaires (impôts)	Solde du budget ordinaire	Dépenses ordinaires et extraordinaires	Déficit total à financer
1913/1914	1,8	0,5	2,5	0,7	3	0,5
1914/1915	1,9	1,3	1,8	-0,1	9	7,2
1915/1916	3,1	2,6	2,1	-1	26	23,9
1916/1917	7	6,5	8	1	28	20,0
1917/1918	7,5	6,8	7,4	-0,1	52	44,6
1918/1919	13,4	8,4	11	-2,4	44	33,0
Cumul	34,7	26,1	32,8	-3,3	162	129,2

Source: Gerd Hardach op.cit.

Au cours des deux premières années de guerre (mars 1914-mars1916) les dépenses sont multipliées par un peu plus de 9 (tableau 7). Les emprunts à long terme sont bien accueillis et permettent de financer le tout, les titres à court terme émis en masse sont rapidement consolidés grâce aux emprunts à long terme (tableau 8). L'Allemagne n'a, en apparence, pas de problème pour financer sa guerre.

L'équilibre du budget ordinaire est maintenu jusqu'en 1916, année où les charges de la dette qui sont inscrites à son budget s'envolent. Comme en France la possibilité de lever des impôts s'avère difficile sinon impossible. Le problème se complique en Allemagne du fait de la nature fédérale du pays dans lequel les Landers veulent conserver leurs prérogatives fiscales et n'acceptent pas de créer de nouveaux impôts qui augmenteraient les pouvoirs du Reich à leur détriment. En revanche les emprunts sont de la compétence de l'État central et de la Banque qui est sous son contrôle.

L'année 1917 marque un tournant : 39% des dépenses sont désormais financées à court terme et 8% sont monétisées tandis que les emprunts à long terme plafonnent. Cela s'aggrave ensuite, les dépenses explosent de mars 1917 à mars 2018, elles atteignent 17 fois le niveau de 1913. Même si, pour une part, il s'agit d'un effet de l'inflation, cela correspond surtout à un plan massif de développement de la production d'armement (Plan Hindenburg). En mars 1918 ce sont près de 50% des dépenses qui sont financées par l'emprunt à court terme et 6% par la monétisation au cours de l'année suivante, les emprunts à long terme ne trouvent plus d'acquéreurs, le public allemand ne croit plus en la victoire.

Tableau 8 Allemagne financement des dépenses publiques (Milliards de deutsche marks)

Période	Emprunts long terme	Solde des bons du trésor	Dette flottante	Recettes ordinaires (impôts)	Total
1913/1914	4,5	-1,9		2,5	5,1
1914/1915	9,1	- 1,9	1,6	1,8	10,6
1915/1916	22,8	- 2,7	3,3	2,1	25,5
1916/1917	23,8	8,9	2,8	8,0	43,5
1917/1918	27,5	38,5	4,8	7,4	78,2
1918/1919	25,4	39,0	8,7	11,0	84,1
Cumul mars 1913-mars 1919	113,1	79,9	21,2	32,8	247,0
Structure	45,8	32,3	8,6	13,3	100,0

Source: Gerd Hardach op.cit.

Le budget ordinaire devient déficitaire du fait de la montée des charges de la dette qui y sont inscrites. Pour pallier cela, le gouvernement décide d'accroître certains impôts : sur les profits de guerre, sur le charbon puis sur le chiffre d'affaires, mais, au total, sur l'ensemble de la période l'impôt ne couvre que 13.3% des dépenses publiques. Le déficit public représente 94% des recettes (contre 80% pour la France et 70% pour le Royaume-Uni).

L'Allemagne a de plus d'autres soucis. Elle doit soutenir financièrement ses alliés, tout d'abord l'Autriche-Hongrie[83] pour 3 500 millions de marks, ainsi que 800 millions de marks pour l'empire Ottoman pour l'achat de fournitures militaires qu'il ne pouvait payer avec sa propre monnaie. L'Allemagne ne peut plus emprunter sur les grands marchés financiers : du Royaume-Uni, de France mais aussi des États-Unis, qui ont gelé les avoirs allemands. Les pays neutres comme la Suisse se méfient.

Une grande partie des avoirs allemands en portefeuille était détenue dans des pays ennemis (Royaume-Uni, France, Belgique notamment et aussi USA proches du Royaume-Uni). Sur 20 milliards de marks que l'Allemagne détient à l'étranger en 1913, elle ne parviendra à en récupérer que 2 milliards. Les pillages commis dans les territoires conquis en France et en Belgique fournissent l'équivalent de 3,5 milliards en plus des équipements démantelés et transportés en Allemagne. Enfin on fait appel (comme en France) aux citoyens pour qu'ils apportent leurs bijoux en or à la *Reichsbank*. Tout cela apporte quelque soulagement mais ça ne suffit pas.

Par ailleurs la balance commerciale de l'Allemagne devient fortement déficitaire : la flotte britannique s'avère de plus en plus efficace pour capter les exportations allemandes et empêcher le ravitaillement par mer de l'Allemagne. La hausse des besoins apparaît incompressible en matières premières pour l'armement et pour l'alimentation qui doivent être réglées en or. En 1916 la *Reichsbank* s'inquiète de ne plus pouvoir payer les importations, si elle veut conserver son stock d'or.

[83] L'Autriche mène une guerre catastrophique, elle subit de graves défaites face à la Russie et ne doit son salut qu'à l'intervention de l'armée allemande. Les pertes autrichiennes sont énormes, l'inflation fait rage, le pays mal approvisionné connaît des épisodes de famine etc.

La monétisation devient le complément de plus en plus important des emprunts au fil du temps. L'émission de monnaie s'accroit de 599% alors que celle du Royaume-Uni ne croit que 91 % et celle de la France de 386%. (C'est encore pire en Russie avec 1 102 %).

Les finances de guerre de la France par les bons de la défense nationale

Les bons du trésor à très court terme d'un mois, de trois mois jusqu'à un an, ont été une source majeure de financement. Très grande liquidité, risque réduit, sans taxe, et anonymat ont assuré leur succès aux dépens des rentes qui avaient le triple inconvénient inverse : risque de chute des cours en bourse, titres nominatifs, et une faible liquidité imposée par l'État en temps de guerre. Les obligations de la Défense nationale d'une durée supérieure à cinq ans ont eu peu de succès : un milliard au total contre 76 milliards pour les bons du Trésor dont 22 milliards en souscription aux emprunts de consolidation (tableau 9).

Tableau 9 : Financement de la guerre en France

Cumul 1914-1918

	Montant en milliards de francs	**En %**	**Type de financement**	**Source Blancheton (En%)**
Ressources ordinaires	38.6	16,4	Impôts	15
Avances Banque de France	25.7	10,9	Monétisation	11
Bons de la Défense nationale	77.5	33	Court terme	35
Emprunts nationaux à long terme	47.5	20,2	Consolidation de la dette	22
Emprunts à l'étranger	45.5	19,4	États-Unis et Royaume-Uni	17
Total	234.8	100		100

Sources : Henri Truchy. 1926. *Les finances de guerre de la France*. Presses Universitaires de France, Bertrand Blancheton. 2001. *Le Pape et l'Empereur, la Banque de France, la direction du Trésor et la politique monétaire de la France (1914-1928).* Albin Michel, col. Histoire, page 93.

Le total des dépenses représente plus de la moitié du PNB cumulé sur la même période. Selon cette évaluation près de la moitié des ressources mobilisées sont des ressources à court terme. La CDC[84] contribue au financement de la guerre et à la stabilité financière du pays :

[84] Philippe Verheyde. 2015. *La Caisse des dépôts et consignations dans la Grande Guerre*. In *La mobilisation financière pendant la Grande Guerre*. Sous la direction de Florence Descamps et de Laure Quennouëlle-Corre, IGPDE.

• en souscrivant aux emprunts à long terme dans des circonstances difficiles alors qu'elle pourrait vouloir conserver des liquidités pour faire face aux éventuels retraits,

• en évitant le recours à un moratoire sur les retraits en Caisse d'épargne mais en utilisant la clause de sauvegarde pour les limiter,

• en ne publiant pas ses souscriptions aux emprunts, contrairement à ce qu'elle s'est engagée à faire en temps normal, pour ne pas inquiéter les épargnants.

La CDC contribue pendant la guerre au succès des emprunts à long terme pour environ dix pour cent de leur montant, tout en protégeant l'épargnant, car elle a obtenu la garantie de l'État sur ces nouveaux engagements.

Financement au Royaume-Uni : l'expérience des guerres longues

Par rapport à la France et à l'Allemagne, le Royaume-Uni dispose d'une expérience unique de financement des guerres de longue durée : de la Révolution française dès 1793 jusqu'en 1815 à la fin des guerres napoléoniennes, le Royaume-Uni a été de toutes les batailles contre la France, il a plus ou moins financé les sept coalitions anti-françaises. L'endettement du Royaume-Uni a été à la mesure de l'effort consenti, comme on l'a vu au chapitre précédent, son désendettement lui a pris moins d'un siècle (1822-1913). Avec certes des difficultés, elle a su mieux que les autres pays faire face aux défis financiers de la Première Guerre Mondiale.

Tableau 10 **Recettes et dépenses du budget britannique (Millions de £)**

	Dépenses	**Recettes**	**Solde**	**Impôts**
1913/1914	197	198	1	163
1914/1915	561	227	- 334	190
1915/1916	1 559	337	-1 222	290
1916/1917	2 198	573	-1 625	514
1917/1918	2 696	707	-1 989	613
1918/1919	2 579	889	-1 690	784
Cumul 1914-1919	9 593	2 733	-6 860	2 391

Source: Mitchell. 1988. *British Historical statistics*. Cambridge University Press

Dès 1913 le Royaume-Uni (tableau 10) a augmenté son impôt sur le revenu ce dont ne disposait ni la France ni l'Allemagne. En 1914 un ensemble de mesures fiscales sont adoptées : doublement de l'impôt sur le revenu, triplement de l'impôt sur la bière et augmentation de 60% sur le thé. Dans le budget 1914/1915 l'impôt représente 57% des ressources publiques. Au total sur toute la guerre les impôts représentent 36,5% des ressources soit deux fois plus qu'en France ou en Allemagne. Enfin le Royaume-Uni est très présent sur le marché monétaire des États-Unis et son gouvernement dispose du soutien du gouvernement américain. Autre source de revenus, il y a en 1914 la mobilisation d'une partie des propriétés de l'État dans l'Empire. La monétisation de la dette est très importante au cours de la première année du conflit ce qui correspond aux mesures prises pour calmer la panique financière. Par la suite la monétisation ne joue plus qu'un rôle mineur. La charge principale de la dette est supportée par les emprunts à long terme pour près de 60%.

Tableau 11 Financement de la guerre Royaume-Uni

Période	Dette intérieure de long terme	Dette intérieure de court terme	Masse monétaire	Actifs étrangers	Impôts	Total
1914/1915	117,1	19,1	21,9	-58,2	56,9	100,0
1915/1916	37,5	41,7	2,2	18,6	23,7	100,0
1916/1917	90,7	5,9	3,4		31,6	100,0
1917/1918	37,6	24,3	2,1	35,9	30,9	100,0
1918/1919	60,3	14,6	7,3	17,8	46,4	100,0
Cumul	59,7	20,4	4,7	15,3	4,9	100,0

Source : voir tableau 10

Conclusion

Les conséquences de la guerre : l'État est devenu le centre de l'économie il intervient partout planifie la production industrielle, destinée à 50% à l'effort de guerre, réquisitionne, contrôle les prix, plafonne la consommation, etc.

Si la Grande Guerre met les ministres des Finances aux commandes, les banques centrales sont chargées de mobiliser par tous les moyens (« whatever it cost » dirait-on aujourd'hui) les ressources financières nécessaires, on verra plus tard comment faire face aux conséquences. La finance n'est plus un obstacle à la poursuite de la guerre, ce sont les ressources humaines en combattants qui s'avéreront décisives. Les banques centrales s'imposent comme les banques des banques, comme prêteurs en dernier ressort pour les banques en difficulté, elles sont le banquier du Trésor. À l'échelle internationale, elles gèrent le contrôle des changes et la régulation du cours des devises, en particulier sur les marchés des pays neutres, elles assurent le financement de l'approvisionnement des économies. La banque d'Angleterre assure en partie le financement international de la France notamment auprès des États-Unis.

Chapitre 6
L'entre-deux-guerres 1919-1939

1. 1919-1933 : L'impossible retour au monde d'avant, entre crises sociales, politiques, monétaires et financières

De l'avis général l'après-guerre, le terme de paix paraît inadapté, a été gérée de manière catastrophique quel que soit le pays considéré. Sur le plan monétaire les gouvernements, soutenus par leurs économistes orthodoxes[85], leurs banquiers centraux et leur opinion publique sont unanimes et veulent non seulement un retour à l'étalon-or, mais aussi et surtout un retour aux parités d'avant 1914, malgré une inflation atteignant, sur une base de 100 en 1914, l'indice 415 en Allemagne, 356 en France et 254 au Royaume-Uni en 1919. Ces indices de plus ne reflètent qu'une partie de la réalité car les gouvernements ont mis en place une politique de contrôle des prix pour freiner l'inflation. La levée du contrôle des prix après-guerre provoque une nouvelle flambée des prix. Pour revenir au monde d'avant, la politique économique consiste à dégager un excédent budgétaire primaire massif, à mener une politique de réduction drastique des dépenses publiques provoquant une déflation brutale au détriment de la croissance et de l'emploi.

Le projet de retour aux parités de 1913 sera abandonné par l'Allemagne en 1921, en 1926 par la France et en 1931

[85] Keynes fait exception.

par le Royaume-Uni. En revanche les gouvernements tentent de revenir à l'étalon-or : en 1921 au Royaume-Uni, en 1924 en Allemagne après l'hyperinflation, et en 1926 en France après la dévaluation drastique de Poincaré. La crise financière américaine de 1929 met fin au système de l'étalon-or qui sera officielle en 1933.

Un des obstacles majeurs à ce retour à l'orthodoxie économique libérale c'est que les peuples qui ont accepté –volens nolens- de payer le prix du sang ne veulent pas en plus en payer le prix et qu'on leur impose une rigueur financière au détriment des salaires et de l'emploi. Sur le plan social l'Allemagne (ainsi que son alliée la Hongrie) commence par faire face à une révolution d'inspiration bolchevique réprimée dans le sang. Les dirigeants militaires allemands avaient laissé croire que la guerre aurait pu être gagnée, rejetant la faute de la défaite sur les politiques.

La France et le Royaume-Uni veulent financer la réduction de leur dette, la reconstruction et le versement des pensions de guerre et de plus réduire l'Allemagne à une puissance de second rang en lui imposant des réparations insoutenables. Du côté russe les révolutionnaires décident l'annulation des dettes tsaristes et provoquent une hyperinflation qui durera de 1918 à 1924. L'Autriche et la Hongrie font faillite et connaissent également une phase d'hyperinflation[86] qui réduit à zéro leurs dettes domestiques, de plus les alliés accepteront d'annuler leurs dettes internationales. Ce qui n'est pas le cas de l'Allemagne. Celle-ci hésite tout au long de la période 1919-1923 entre la rigueur et le laisser-aller pour choisir en fin de compte la fuite en avant par l'hyperinflation.

---

[86] Dès 1917 la Russie dénoncera les engagements financiers de la Russie tsariste, pour les autres pays (Hongrie, Pologne et Tchécoslovaquie) on se référera à Thomas J. Sargent.1982. *The Ends of Four Big Inflations*. In *Inflation: Causes And Effects*, Editor: Robert E. Hall, NBER books, University Of Chicago Press..

Les gouvernements européens font face à des économies déstabilisées qui avaient dû réduire leur production de 40% en France, le restant produisant à plus de 50% pour la guerre. Ils doivent reconvertir leur économie Pour gérer l'après-guerre les États ont trois possibilités :

- l'hyperinflation, ce sera le cas de l'Allemagne,
- l'orthodoxie libérale au prix de la croissance, ce sera le cas du Royaume-Uni,
- la navigation à vue, enfin, ce sera le cas de la France évitant de justesse les écueils les plus graves.

Toutes sortes de pénuries se font jour, les citoyens se sont appauvris, et l'État doit gérer des dettes colossales (et sans doute encore sous-estimées): proches de 182% du PIB pour l'Allemagne et de 170% pour la France, et de 138% pour le Royaume-Uni (tableau 12). La première force de rééquilibre c'est l'inflation qui ruine les rentiers, pour le reste le retour à l'orthodoxie budgétaire aurait impliqué de réduire drastiquement les dépenses publiques et d'augmenter fortement les impôts ce qui s'avèrerait politiquement et socialement extrêmement périlleux.

La guerre a eu pour conséquence l'émergence d'une nouvelle puissance mondiale, les États-Unis, qui succèdent au Royaume-Uni, mais n'assument pas ce rôle : dès l'armistice signé, ils retirent leurs troupes du continent européen. Elle laisse ainsi ses alliés face à un problème majeur de sécurité : l'Allemagne reste la première puissance industrielle de l'Europe et pourrait réarmer facilement... De plus, tant que dura la guerre, et en dépit de multiples frictions, la gestion des dettes interalliées ne souffrait pas, officiellement du moins, de discussion. Leur règlement devint un des problèmes majeurs de l'après-guerre. Les dettes relèvent d'une part d'un problème domestique ou comment organiser le retour à l'équilibre des finances publiques. Et d'autre part, d'un problème international ou comment organiser les transferts financiers internationaux en or qui font défaut pour l'Allemagne. Les États-Unis bloqueront en partie le règlement des dettes en exigeant de leurs alliés qu'ils commencent à leur rembourser leurs dettes avant même que l'Allemagne n'ait rempli ses obligations ce qu'elle ne veut ni ne peut faire. C'est la combinaison de la gestion des dettes internationales avec celle des dettes domestiques qui finira par avoir raison du système mondial.

Tableau 12 : Performances macroéconomiques 1914-1939 (Moyennes annuelles)

		France		Royaume-Uni		Allemagne (1)(2)	
		Croissance	Inflation	Croissance	Inflation	Croissance	Inflation
Guerre mondiale	1914-1918 1914-1919	-7.2	18.6	2.0	13.7	-6.1	27.4
L'après-guerre immédiat	1919-1924 1919-1921 1920-1923	8.6	12.7	-7.8	7.9	3.0	ns.
Avant la crise de 1929	1925-1929 1922-1929 1925-1928	3.7	7.0	3.1	-3.4	8.3	1.5
Après la crise de 1929	1930-1936 1928-1932 1930-1932	-2.4	-2.5	-1.8	-1.6	-4.3	-6.3
Préparation de la guerre	1937-1939 1933-1941	1.3	15.9	5.0	3.3	8.9	0.9
Entre-deux-guerres	1919-1939	2.7	6.7	0.0	1.1	5.3	ns.

(1)1923 est une année d'hyperinflation en Allemagne qui s'accompagne d'une chute de 13% du PIB allemand. (2) Sources : German Historical data

Naissance des dettes publiques internationales.

Au XIXe siècle, la règle implicitement suivie par les grands États, jaloux de leur souveraineté, était de ne pas dépendre pour leur dette publique de financements étrangers, seuls les pays émergents (la Russie, l'Amérique latine sauf le Brésil, la Turquie, la Chine, l'Egypte, etc.) y recouraient au risque fréquent de la faillite.

La Guerre va changer radicalement la donne, à commencer par le Royaume-Uni, première puissance financière du monde, qui doit faire face à une explosion de ses dépenses de guerre, doit aussi soutenir financièrement ses dominions pour leur participation directe aux combats et enfin le Royaume-Uni apporte une aide financière à ses alliés européens : France, Italie et Russie notamment. Pour ces financements, annexes pourrait-on dire, le Royaume recourt à des crédits à court terme non consolidés. Fin 1916 le Royaume-Uni atteint la limite de ce qu'il peut mobiliser sans recourir à la planche à billet. Il sollicite l'aide financière du gouvernement américain qui le lui avait déjà refusé au début des hostilités. Le Président Wilson et son secrétaire d'État Bryan sont très hostiles à tout engagement financier de leur gouvernement dans cette guerre car ils craignent surtout de se trouver entraînés directement dans cette guerre. Mais en même temps Wilson ne s'oppose pas à ce que le secteur privé participe au financement des États français et anglais. C'est la banque J-P Morgan qui sollicite l'autorisation de servir d'intermédiaire avec la banque Rothschild pour placer des titres de dettes anglaises et françaises auprès du public américain qui sera la clef de ce financement. Ces fonds servent ensuite, toujours grâce à l'intermédiation de J-P Morgan, à acheter en masse des équipements militaires auprès des producteurs américains. Ces banquiers et ces industriels, pour protéger leurs investissements, vont par la suite faire pression pour que les États-Unis s'engagent en fin de compte au côté des alliés.

C'est le 1er février 1917 que l'Allemagne s'engage dans une guerre sous-marine à outrance dans l'Atlantique pour bloquer les approvisionnements américains destinés aux alliés et s'attaquent donc aux navires de commerce américains. En réaction les États-Unis entrent en guerre le 6 avril et le 24 ils émettent leur premier emprunt officiel, les « liberty bonds », pour un montant de 5 milliards de dollars au profit des Anglais et des Français principalement. Une série d'emprunts de ce type suivra jusqu'à atteindre en 1919 un total cumulé de 21,4 milliards de dollars d'emprunts publics qui s'ajoutent aux emprunts privés. Dès lors les dettes des alliés deviennent pour une part des dettes internationales que les États-Unis vont chercher par tous les moyens à récupérer après-guerre auprès de gouvernements surendettés (la dette publique américaine à son maximum n'est encore que de 28% de son PIB en 1920 comparés aux plus de 150% des pays européens).

Enfin aux dettes interalliées s'ajoutent les dettes générées par les réparations demandées à l'Allemagne au profit de la France, de la Belgique et du Royaume-Uni qui seront de l'ordre de 52 milliards de marks-or soit environ 12,4 milliards de dollars-or.

2. L'après-guerre en Allemagne

La montée des tensions

Le risque politique est aigu en Allemagne, où le régime militariste, n'assumant pas ses responsabilités, cède la place, deux jours avant la signature de l'armistice, à une république démocratique. Celle-ci doit faire face à une tentative de révolution spartakiste inspirée des bolcheviks qui sera réprimée dans le sang, et aux grèves massives de janvier 1919. Les sociaux-démocrates arrivent au pouvoir en août 1919 en position de faiblesse dans un pays profondément meurtri par la défaite et ses conditions. Leur priorité est de relancer l'économie et l'emploi et de développer un modèle social ambitieux pour assurer la paix sociale, comme les pensions de guerre pour les invalides, les veuves et les orphelins. Tout cela contribue à accroître fortement les dépenses publiques. Or le gouvernement n'a pas le pouvoir d'augmenter substantiellement les impôts : les impôts indirects restent pour l'essentiel de la responsabilité des Landers et les impôts directs pèseraient sur une population très appauvrie par la guerre. Il ne reste plus au gouvernement qu'à creuser les déficits.

La question centrale était de savoir si l'État allemand était en mesure de rembourser une dette domestique qui avait atteint en 1919 175 milliards de marks (dette flottante inclue) et surtout de réunir les 9 milliards d'intérêts qu'elle générait (au taux d'intérêt de 5%). « La valeur totale du patrimoine national allemand avait été estimée par Holtfrerich[87] à environ 300 milliards de marks... il aurait donc fallu en mobiliser plus de la moitié à seule fin de rembourser les dettes publiques. Quant aux intérêts... leur valeur nominale aurait représenté quatre fois le montant total des recettes publiques du Reich en 1913 » ... ou leur totalité en 1919. Autrement dit les six milliards nécessaires au fonctionnement ordinaire du Reich devraient être intégralement financés par l'emprunt. Au lieu de réduire progressivement le montant de la dette celle-ci ne cesse de croître.

À la suite de l'échec de l'emprunt à long terme de 1919, le recours à l'émission de bons du Trésor à court terme devient la seule source de financement, et fragilise encore plus les finances publiques (tableau 13). Progressivement la monétisation de la dette prend le dessus sur l'emprunt. Le gouverneur de la Reichsbank est progressivement convaincu

---

[87] Carl-Ludwig Holtfrerich. 2008. *L'inflation en Allemagne 1914-1923*. Institut de la gestion publique et du développement économique. Page 137. Piketty donne l'estimation de 324.7 milliards en 1913, soit plus de six fois la valeur du revenu national, voir tableau DE1.

qu'il faut recourir de plus en plus à la planche à billets pour acheter les bons émis par le Trésor.

Du premier semestre 1918 au premier semestre 1921 ces bons sont acquis à concurrence de 60% environ par les banques privées et à 40% par la Reichsbank ce qui accroît la masse monétaire. Les banques privées sont contraintes d'acheter ces bons car le gouvernement leur impose de limiter leurs crédits aux entreprises. Jusqu'au début de 1921 cette répartition reste à peu près constante, à partir de cette date, qui est aussi la date où les réparations que doit payer l'Allemagne sont fixées, ce ratio décroît pour les banques privées de 60 à 50% d'octobre 1921 à mai 1922, puis à 20% jusqu'en mars 1923, puis à zéro en octobre 1923.

L'hyperinflation 1923[88]

Comme en France et au Royaume-Uni, après un siècle de stabilité des prix presque complète, la guerre provoque une montée exceptionnelle de l'inflation. En Allemagne l'inflation est encore plus forte et surtout elle va se poursuivre jusqu'à sa transformation en hyperinflation en 1923.

Les autorités allemandes sont prises entre une situation interne explosive et une incertitude majeure quant aux charges des réparations, incertitude qui risque de rendre illusoire toute tentative de retour à la stabilité monétaire et au rééquilibre des comptes publics. La priorité est alors donnée à la croissance et à la réduction du chômage au détriment des détenteurs d'actifs financiers (les rentiers)[89]. Le financement des dépenses publiques galopantes par l'émission

---

[88] Pour une analyse du phénomène cf. André Orléan. 2008. *Crise de la souveraineté et crise de la monnaie : l'hyperinflation allemande des années 1920.* Publié dans *La monnaie dévoilée par ses crises. Vol. II : Crises monétaires en Russie et en Allemagne au XXe siècle,* Paris, Éditions de l'EHESS, pages187-219, sous la direction de Bruno Théret.

[89] La réaction allemande à l'occupation de la Ruhr est un autre facteur de désorganisation. Lassés des retards de paiement de l'Allemagne, la France et la

de monnaie va conduire à la destruction même de la monnaie via une phase d'hyperinflation.

À force, le financement monétaire de la dette engendre un processus de fuite devant la monnaie : c'est-à-dire que les citoyens allemands ne veulent plus être payés en monnaie de papier, les marchands accroissent sans cesse leurs prix ce qui entraîne l'apparition d'une pénurie de liquidités dans la mesure où les prix croissent plus rapidement que l'impression de monnaie papier. Finalement la valeur du papier qui sert à l'impression des billets devient supérieure à leur pouvoir d'achat. L'État perd de l'argent à chaque impression de billet.

Belgique décident d'occuper la Ruhr (centre de l'industrie lourde allemande, essentielle à l'effort de guerre de l'Allemagne). Cette occupation durera de janvier 1923 à l'été 1925 et eut pour conséquence la résistance ouvrière sous forme de grèves et d'attentats anti français, la relance du nationalisme allemand et la désorganisation accrue de l'économie allemande rendant encore plus illusoire les perspectives de paiement de l'Allemagne.

Tableau 13 Bons du Trésor (CT) en milliards de marks

(Dont ceux qui sont détenus par la Reichsbank)

		Dette résultant de bons du Trésor escomptés (total) en milliards de marks	Dont : détenus en dehors de la Reichsbank en %	Montants détenus par la Reichsbank
1914	2ème semestre	10,6	11,3	1,2
1915	1er semestre	29,5	22,4	6,6
	2ème semestre	36,9	23,6	8,7
1916	1er semestre	42,2	23,7	10,0
	2ème semestre	62,0	10,8	6,7
1917	1er semestre	99,1	41,9	42,3
	2ème semestre	148,4	50,0	74,2
1918	1er semestre	206,3	58,7	121,0
	2ème semestre	290,4	56,7	164,6
1919	1er semestre	395,0	55,3	218,3
	2ème semestre	489,8	58,4	286,0
1920	1er semestre	578,8	58,6	339,2
	2ème semestre	831,4	65,3	543,1
1921	1er semestre	1 018,2	63,7	648,2
	2ème semestre	1 296,0	53,1	688,8
1922	1er semestre	1 656,8	44,7	740,8
	2ème semestre	4 028,7	22,0	888,3
1923	1er semestre	53 008,2	21,3	11 309,1
	2ème semestre	198 535 947 284,9	0,9	1 760 470 134,9

Source: Carl-Ludwig Holtfrerich. 1986. *The German Inflation1914-1923, Causes and Effects in International Perspective*. De Gruyter.

Selon un article du *Frankfurter Zeitung* paru en octobre 1922, cité par Hilferding, on lit « actuellement la situation de la vie économique en Allemagne est totalement dominée par le débat qui consiste à se demander s'il vaut encore la peine de sauver le mark, ou bien s'il n'est pas tout simplement condamné à mourir. Ces derniers mois, les devises étrangères ont supplanté le mark dans l'évaluation de l'activité économique interne de l'Allemagne dans des proportions que personne n'avait pu prévoir ». La question de l'accès aux devises devient donc cruciale, l'étranger n'accepte plus d'être payé en marks- papiers et exige des paiements en or ou en devises ; la politique protectionniste menée par les États-Unis aggrave la situation en réduisant les exportations allemandes.

L'hyperinflation révèle de manière crue le rôle essentiel que la monnaie joue pour la coordination des relations économiques et sociales de la nation. En pleine crise la monnaie officielle n'est plus acceptée et elle est remplacée par toutes sortes de « monnaies » de substitution qui n'ont qu'une valeur d'échange très localisée. Le risque de délitement du pays est bien réel dans la mesure où chaque länder peut être tenté d'acquérir son indépendance[90].

Devant ce risque, les dirigeants de l'économie se mirent d'accord le 15 octobre 1923 pour inventer une pseudo-monnaie[91]. La disparition de la dette domestique laisse la voie ouverte à la création d'une nouvelle monnaie : le *rentenmark*. Cette monnaie est gagée sur une créance dont les obligés sont les représentants de l'économie allemande et dont le patrimoine allemand constitue le capital fictif de la nouvelle banque. Les détenteurs de *rentenmark* pouvaient

---

[90] Le risque n'est pas théorique car il ne faut pas oublier que l'unité allemande n'est que très récente. Le Reich allemand est proclamé au château de Versailles le 18 janvier 1871, le roi de Prusse Guillaume Ier devient empereur d'Allemagne.

[91] L'article premier portant création de la nouvelle monnaie indique dans son article premier « La *Deutsche Rentenbank* est fondée par les représentants de l'agriculture, de l'industrie et du commerce, y compris les banques » cité dans A. Orlean op cit page 29.

demander la conversion de leurs billets en lettres de rente libellées en marks-or et portant un intérêt de 5%. La confiance étant rétablie cette option ne fut pratiquement pas utilisée, alors que les ressources en or disponible étaient insuffisantes, confirmant le caractère purement fiduciaire de la nouvelle monnaie. Le taux de change avec le *papiermark* est fixé à 1 pour 1 000 milliards, à un moment (novembre 1923) où le dollar cote sur le marché des changes 4 200 milliards de marks. On en revient à la parité du markor d'avant-guerre qui était de 4,20 pour un dollar en 1913. La quantité émise de cette monnaie est fixée à 3,2 milliards de marks couverte par des formes d'hypothèques et d'assignations sur les secteurs de l'agriculture, de l'industrie et du commerce de gros. En quelque sorte on est revenu au temps d'avant mais avec une différence notable : la dette domestique a quasiment disparu. Ce n'est pas sans rappeler l'épisode des assignats en France où la création du franc germinal se fait à un contenu intrinsèque proche de celui de la livre tournois ce qui mit un terme au chaos. Ce sera un succès et la stabilité monétaire revint. Cependant la confiance des citoyens à l'égard des emprunts d'État restera pour longtemps encore limitée.

Les conséquences de l'hyperinflation

Les historiens ont souvent tendance à dramatiser les conséquences sociales de l'hyperinflation, les confondant avec les conséquences dramatiques de la crise de 1929 pour l'Allemagne. Selon le Directeur du Trésor français, qui en a proposé en novembre 1922 une analyse détaillée, « dans cette crise, toute l'ancienne classe des rentiers[92] et des pensionnés aura été sacrifiée. Théoriquement si l'on parvient à

[92] Ce jugement est exagéré dans la mesure où les rentiers sont en majorité des gens riches dont le patrimoine est diversifié et comprend des biens réels : immobilier, entreprises, devises étrangères, etc.

éviter de trop grandes destructions pendant la crise, la puissance productive de l'Allemagne en sortira grandie, puisque tous les oisifs auront forcément disparu et que les entreprises n'auront plus ni prélèvement fiscal destiné à faire face aux arrérages de la dette publique » ni à devoir emprunter à coût élevé pour leurs investissements[93].

En 1928, la dette publique allemande, selon les estimations du FMI[94], ne représente plus alors que 4,2 % du PIB (tableau 4). En revanche la question des réparations internationales fixée en monnaie forte reste entière.

La question des réparations

La question des réparations se pose dès la fin de la guerre et va empoisonner les relations entre les ex-pays belligérants et ajouter un problème de gestion de dettes internationales au problème de la gestion des dettes domestiques. Elle contribue à exacerber les problèmes économiques hérités de la guerre pour tous les participants. Les Français, et dans une certaine mesure les Belges et les Anglais, comptent sur ces réparations pour réduire fortement leurs dettes domestiques. En conséquence ils limitent leurs efforts de réduction de leurs déficits. Quant aux Américains, il s'agit pour eux de se désengager militairement d'Europe au plus vite et d'obtenir le remboursement des prêts consentis aux alliés.

Face au blocage financier qui résulte du traité de Versailles, le gouvernement américain va charger des banquiers privés, au premier rang desquels se trouve de nouveau la banque J-P Morgan, du soin de négocier les différents plans de restructuration des dettes allemandes. Ces banquiers vont mettre en avant leur intérêt pour l'économie allemande, la promotion de leurs investissements en Europe et

---

93 Cité par Blancheton op.cit. page 222.
94 Historical Public Debt Data base (HPDD) FMI. https://data.imf.org

en particulier vers l'Allemagne[95], avant celle des réparations.

Les réparations que les alliés cherchent à imposer à l'Allemagne[96] connaîtront trois estimations : celles du Traité de Versailles en 1921, puis celles du plan Dawes en 1924 et enfin celles du plan Young en 1930-1931, pour finir par la répudiation totale décidée par les nazis en 1934[97]. Au départ les alliés européens maximisent leurs exigences combinant remboursement des dépenses de guerre et, pour la France et pour la Belgique, réparations des destructions et du pillage des territoires occupés. Le total atteint selon le traité de Versailles le chiffre invraisemblable de 132 milliards de marks-or (soit 300 % du PNB allemand de 1913). De fait le montant réel que l'Allemagne serait obligée de payer est fixé à 52 milliards de marks-or, correspondant à la somme inscrite dans les annexes du Traité de Versailles au titre des obligations de type À (pour 10 milliards) et B (pour 42 milliards). Pour ce qui est des 80 milliards d'obligations de l'annexe C, l'historienne Sally Marks[98] estime, à l'instar d'autres spécialistes, que « les 80 milliards de marks en « obligations de type C » étaient entièrement chimériques »[99], un dispositif destiné tromper le public des pays alliés en lui faisant

---

[95] Frank Costigliola. 1976. *The United States and the Reconstruction of Germany in the 1920s.* The Business History Review, Vol. 50, No. 4 (Winter, 1976), pp. 477-502.

[96] L'Autriche, la Hongrie, la Bulgarie et l'Empire ottoman auraient dus également verser des réparations mais ces États étaient dans un tel chaos qu'il ne fut pas possible de leur imposer quelques réparations que ce fût. Deux d'entre eux connurent également un épisode d'hyperinflation. Par ailleurs La Russie révolutionnaire refusa d'honorer les dettes des tsars.

[97] En fait l'Allemagne n'en aura pas totalement fini avec cette dette qui fera l'objet d'un accord international après la Seconde Guerre Mondiale.

[98] Sally Marks. 1978. *The Myths of Reparations.* Central European History, Vol. 11, No. 3 (Sep. 1978), pp. 231-255, Cambridge University Press.

[99] La question des réparations est avant tout une question politique : il apparaît clairement que les sommes demandées initialement sont destinées à l'opinion publique des vainqueurs, mais l'accepter c'est une trahison aux yeux des Allemands.

croire que l'Allemagne paierait beaucoup plus qu'elle ne le pouvait. Une autre interprétation voudrait que les Français aient espéré ainsi mettre en balance leurs dettes à l'égard des États-Unis et avec la réduction des C-Bonds, ce qui leur fut refusé.

Devant la faillite de l'économie allemande en 1923, le plan Dawes, signé en août 1924, vient compléter le sauvetage financier de l'Allemagne en réduisant le paiement des réparations à un milliard de marks-or pour la première année dont 800 millions seront prêtés par les banquiers américains. Ce montant devait augmenter ensuite et atteindre la somme annuelle de deux milliards et demi au bout de cinq ans.

Ce plan est un succès. De fait la croissance économique est forte en Allemagne, et le chômage est réduit au minimum de 1924 à 1929. Mais ce rétablissement spectaculaire repose sur les entrées en masse de capitaux américains, estimées entre 1924 et 1930 à 18,3 milliards de marks-or. Ces entrées servent pour 3 milliards à payer les intérêts sur la dette. L'épargne financière nationale, qui a été laminée par l'hyperinflation, ne participe pas à ce renouveau. C'est une faiblesse essentielle car lors de la crise de 1929 ces capitaux américains seront rapatriés aux États-Unis laissant les entrepreneurs allemands et leurs associés faire faillite.

Le plan Dawes avait un autre défaut majeur : il ne prévoyait pas d'échéances claires pour terminer les versements. Le plan Young tentera d'y apporter une solution en réduisant les sommes globales à verser à 50 milliards de marks-or et prévoyant le terme des remboursements en 1988 ! La crise de 1929 particulièrement dramatique pour l'Allemagne rendra illusoire les paiements à venir jusqu'à leur répudiation par les nazis[100].

---

[100] Après la défaite nazie la question des réparations réapparaît et sera résolue par un accord international.

Au total l'Allemagne aura réglé entre 1920 et 1931 (lorsque les paiements furent indéfiniment suspendus) 20 milliards de marks-or (dont 11 milliards pour la France). De ce montant, réglé conformément au plan Dawes (1924), 12,5 milliards de trésorerie venaient principalement de prêts consentis par des banquiers américains. Le reste était réglé en nature (en charbon, en produits chimiques, ou en biens manufacturés tels que des équipements de chemin de fer).

Le problème des transferts internationaux[101]

Dans un célèbre article paru en 1920, Keynes[102] critique le Traité de Versailles et prédit que les réparations allemandes condamneront l'Allemagne à un déclin profond parce que le montant des réparations est tel que les exportations allemandes nécessaires pour faire face à ces charges de transfert international seront très supérieures à la capacité d'absorption des pays partenaires de l'Allemagne, d'autant plus que ceux-ci ne veulent pas de ces exportations et tendent à se protéger. Ohlin et Rueff [103] dans des articles publiés neuf ans plus tard, après l'hyperinflation et à la veille de la grande crise financière de 1929, argumentent que les transferts de paiement ne se font pas seulement via les surplus commerciaux mais que les entrées de capitaux dans une économie de libre circulation des mouvements de capitaux et en forte croissance pourront supporter le poids des transferts.

C'est en partie ce qui se produit avec le plan Dawes. Il impose le contrôle des alliés sur la *Reichsbank*. Il réduit les

---

[101] Albrecht Ritschl 1998. *Reparation transfers, the Borchardt hypothesis and the Great Depression in Germany, 1929-32: A guided tour for hard-headed Keynesians.* European Review of Economic History, 2, 49-72. Cambridge University Press.

[102] J.M. Keynes. 1920. *The Economic Consequences of the Peace*. Macmillan.

[103] Bertil Ohlin. 1929. *The German Transfert Problem.* Economic Journal n°39. Et Jacques Rueff.1929. *Mr. Keynes view on the Transfert Problem: a critism.* Economic Journal n°39.

montants transférés au titre des réparations et favorise l'entrée de capitaux étrangers en leur donnant des garanties de paiement exceptionnelles. Ainsi, par exemple, la *Reichsbahn,* en échange de prêts bancaires américains pour moderniser et développer ses lignes de chemins de fer, se voit imposer un haut-commissaire et un conseil d'administration en partie étrangers qui contrôlent ses revenus et veillent au paiement des intérêts dus. D'autres revenus, notamment ceux qui sont issus des douanes, étaient de même contrôlés et ponctionnés. Le comité des transferts se chargeait d'effectuer les paiements allemands reçus par l'agent général soit en espèces, soit en nature (biens manufacturés, ressources minières et agricoles).

Cependant le Plan Dawes soulève au fil du temps des contestations. Du côté du gouvernement allemand, désireux de retrouver sa pleine souveraineté, il insiste vivement pour la suppression du système de contrôle et du comité des transferts[104]. Par ailleurs les Français se plaignent de voir les créances privées des investisseurs américains bénéficier d'une garantie supérieure à celle des créances françaises et que d'une certaine façon les réparations allemandes soient financées par des capitaux américains.

Les renégociations débutent en 1929 et s'achevèrent en 1932 en accouchant du Plan Young qui supprime les garanties exceptionnelles du plan Dawes. Ce plan est mort-né du fait de la crise financière de 1929 qui incite les financiers américains à retirer leurs capitaux. La récession allemande est alors de loin la plus forte en Europe (11% de récession contre 2% par exemple en France) conduisant à une explosion du chômage et à la montée en puissance du Parti nazi aux élections de 1932, qui prend le pouvoir en 1934, annule les dettes internationales et mène une politique de réarmement à outrance assurant le retour au plein emploi. Le tout

[104] Jacques Seydoux. 1932. *De Versailles au plan Young. Réparations - Dettes interalliées reconstruction européenne*, Plon.

est financé grâce à des subterfuges[105] qui permettent de ne pas faire apparaître la remontée en force des dettes publiques.

3. L'après-guerre en France : incohérence de la politique économique 1919-1926

La politique macroéconomique de la France est particulièrement chaotique avec deux crises majeures (1924 et 1926) qui mettent la France au bord du défaut de paiement sur sa dette. Cette politique repose sur deux axiomes : retour à la parité or d'avant-guerre et faire payer par l'Allemagne les destructions de la guerre et les pensions des victimes. C'est après l'échec en 1923 de l'occupation de la Ruhr par la France et la Belgique réalisée pour imposer à l'Allemagne le paiement des réparations dues et, en 1926, par la dévaluation du franc de 80% que le réalisme finit par l'emporter.

Un des problèmes majeurs de la France est la gestion de sa dette publique qui atteint 180% à la fin de la guerre (200 milliards de francs). Avant la guerre cette dette était à 98% une dette perpétuelle, en 1919 la part de la dette perpétuelle n'est plus que 43,7%, la dette flottante atteint 51,4%, le résidu étant constitué de bons du Trésor à trois ou cinq ans. La dette flottante est constituée de « Bons de la Défense Nationale » à très court terme qui ont été très populaires. Mais cette situation met le financement de la dette, dont les titres à court terme doivent être renouvelés fréquemment, à la merci des soubresauts de la politique nationale et internationale.

Pour stabiliser la dette publique et donc le poids de sa gestion il y a trois types de solution : augmenter les impôts,

[105] Mark De Broeck et Harold James. 2019. *Germany in the Interbellum: Camouflaging Sovereign Debt.* Chapter 6 in *Debt and Entanglements between the Wars*. Thomas J Sargent editor. IMF.

réduire les dépenses, convertir la dette à long terme et à moindre intérêt.

La réduction des dépenses publiques se fait, mais lentement et partiellement de 41,7% du PIB en 1918 on tombe à 11,9% en 1925 ce qui reste un niveau supérieur à la moyenne du début du siècle à 8,6%. Les recettes s'accroissent modestement de 8% à 11,5%, grâce notamment à la création d'un impôt sur le revenu qui atteint 20% du total des recettes publiques en 1925[106]. Au total un solde primaire positif apparaît dès 1923 ce qui contribue à réduire la dette publique. Selon ces données macroéconomiques tout se passerait plutôt bien.

Allonger les termes de la dette qui est devenue pour la majeure part une dette à très court terme (bons à un mois, deux mois ou trois mois, ceci convient bien aux banques pour gérer leurs liquidités et leur offre une source importante de revenus. Entre les commissions de placement et le montant du service financier cela représente un revenu compris entre 1,65% et 3,65% de la valeur des émissions. Elles sont devenues les intermédiaires obligés du Trésor dont le public se méfie, Trésor qui n'est pas équipé pour placer ces bons auprès d'un large public. Le Crédit Lyonnais y joue un rôle clef ; associé à la Société générale, au Comptoir d'escompte et au CIC ils représentent 83% des émissions confiés aux organismes bancaires. Ces banques négocient ensemble à leur profit les conditions financières de chaque émission.

Mais le risque de ne pouvoir faire face au renouvellement de ces titres à court terme, ressurgit à chaque crise nationale ou internationale. Plusieurs tentatives de consolidation seront tentées mais avec des succès décevants : émission

---

[106] Cependant la perspective de la création d'un impôt sur le capital au programme électoral du Cartel des gauches, arrivé au pouvoir juin 1934, aggrave la méfiance des épargnants les plus riches qui choisissent l'étranger bien que cet impôt ne vît pas le jour.

d'un emprunt à long terme février 1919 16 milliards dont 7 milliards seulement en liquidité dont un milliard imposé aux banques privées, le reste provient de la transformation d'autres titres de dettes. En août 1920 une émission de rentes perpétuelles à 6% rapporte 28 milliards de francs dont 11,3 milliards en numéraire. Le grand emprunt de novembre 1924 est un nouvel échec il ne produit que 4,9 milliards et un montant dérisoire de numéraire de 600 à 700 millions, pour un coût financier élevé. Une partie de l'échec est aussi imputable au manque de confiance du public face aux divisions politiques qui déchirent le pays ou en tout cas entrave son action.

L'État recourt aussi aux services d'autres institutions comme le Crédit national, créé pour le financement de la reconstruction, qui emprunte à long terme pour 15 milliards entre 1919 et 1922. Ces emprunts n'apparaissent pas dans les statistiques officielles de la dette publique. De manière plus ou moins visible, l'État s'arrange pour minimiser l'affichage de sa dette.

En cas de crise aiguë le gouvernement a recours aux avances de la Banque de France. Mais ces avances sont légalement plafonnées à 21 milliards de francs avant 1922 et doivent en principe être rapidement remboursées. Autre possibilité l'émission de monnaie mais celle-ci est elle aussi plafonnée à 41 milliards de francs. Au fil des crises ces montants seront accrus : respectivement à 26 et 45 milliards en avril 1925, à 30 et 50 milliards en juillet 1925 et enfin à 36 et 58 milliards en décembre 1925.

En avril-mai 1922 le retard des paiements allemands prévus au titre des réparations affaiblit le franc et provoque une perte de confiance en France qui rend la souscription des bons du Trésor difficile ; les particuliers préfèrent conserver leurs liquidités pour faire face à une reprise de l'activité économique qui accroît la demande de monnaie. Autre facteur qui détourne les épargnants des bons du trésor c'est la fixation des taux d'intérêt en dessous de l'inflation. Afin de ne pas alourdir les charges de la dette, le gouvernement maintient les taux fixes entre février 1923 et juillet 1926 à 3% pour les taux à un mois et à 5% pour les taux à un an, alors que l'inflation atteint 10% en moyenne par an[107] de 1919 à 1929. Le cours de la rente subit elle aussi les effets du manque de confiance et voit son titre baisser : la rente 5% de 1920 tombe de 98 francs point haut à 93 point bas en 1922, et de 75,5 point haut à 58 point bas en 1925.

À cette défiance des épargnants français s'ajoute la défiance de l'étranger provoquant des sorties de capitaux qui se traduisent par les fluctuations brutales du taux de change du franc. Sur la base d'un taux de change effectif réel du franc à l'indice 100 en 1914, le franc connaît deux grandes crises : entre décembre 1923 et mars 1924 le franc tombe de 110 à 150, puis il se reprend jusqu'en mars 1925, où il s'affaiblit de nouveau jusqu'en juillet 1926 et chute de 140 à 188. Au total cela correspond à une dépréciation de 87% de la monnaie.

La gestion des crises est aussi chaotique. Entre mars 1922 et mars 1925 les plafonds de la circulation monétaire et des avances de la Banque de France sont atteints. Le Trésor obtient cependant des « avances exceptionnelles » qui n'apparaissent pas au bilan hebdomadaire de la Banque. On va même plus loin, ce que révèlera le scandale de la publication de comptes fictifs par la Banque de France, pendant plus d'un an, entre 1924 et 1925, la Banque de France présente au public de faux bilans hebdomadaires. La Banque

[107] Les taux faibles contribuent également à l'accélération de l'inflation : les bons du trésor sont alors souscrits sous pression du gouvernement par les banques qui ont ensuite la possibilité de les faire escompter auprès de la Banque de France ce qui est un moyen indirect d'accroître la circulation monétaire et de peser sur l'inflation.

minimise le chiffre de la circulation monétaire afin de préserver la confiance des opérateurs notamment sur le marché des changes[108].

La crise de 1926 et le redressement de la situation financière de la France[s]

Rendue nécessaire par l'aggravation de la situation financière, la formation en juillet 1926 d'un gouvernement d'Union nationale, dirigé par Poincaré fait voter par le Parlement une loi constitutionnelle portant création d'une Caisse d'amortissement ayant pour vocation de gérer et d'amortir les bons de la Défense nationale. Le montant maximum des bons gérés est fixé à 49 milliards (46 milliards sont en circulation à l'époque de sa création). Les ressources affectées à la Caisse d'amortissement proviennent des recettes du monopole des tabacs et allumettes, de loteries, ainsi que, entre autres, des recettes des droits de succession. Ces recettes doivent permettre de diminuer au fur et à mesure le stock de bons à court terme et in fine de réduire la dette.

L'idée vient alors de relancer des emprunts à long terme. Poincaré veut aller vite, alors que le gouverneur de la Banque de France souhaite d'abord consolider la réputation de la Caisse. Un compromis permet de lancer une émission de bons à long terme pour 3 milliards de francs en octobre : c'est de nouveau un échec le montant des souscriptions n'atteint que 1 822 milliards dont 500 millions ont été apportés par la Banque de France, la Caisse des dépôts étant mobilisée pour combler la différence de 1.200[109]. Le paradoxe c'est aussi qu'au même moment la souscription de

[108] Bertrand Blancheton. 2005. *Les faux bilans de la Banque de France dans les années 1920*. Economic History 0503004, University Library of Munich.
[109] Par la suite la CDC va participer à la consolidation des titres à court terme tout comme la Caisse d'amortissement.

nouveaux bons à court terme connaît un succès, dû notamment au retour des capitaux américains.

La stratégie d'émission d'emprunts à long terme ayant une fois de plus échoué, la Caisse choisit d'allonger progressivement les échéances des bons à court terme nouvellement émis, de supprimer l'émission de bons à un mois (malgré l'opposition des banquiers qui y trouvaient un placement rémunérateur pour leurs liquidités), de créer des bons à deux ans (puis à trois ans et plus), de baisser d'un point le taux des bons à trois ou six mois, et de baisser les taux d'intérêt en fonction de la durée des bons. De son côté la Banque réduit son taux d'escompte de 7.5 à 6.5.

Par la suite la spéculation est favorable au franc et à l'émission de bons. Progressivement les taux d'intérêt baissent : en janvier 1927 de 6,5 à 5,5 pour la Banque de France et de 5,5 à 5 pour la Caisse, puis en juin de 5 à 4,5. Simultanément le Trésor émet un emprunt à 6% pour accélérer le remboursement de ses dettes à la Banque.

Stabilisation légale du Franc en juin 1928[110] et retour officiel à l'étalon-or.

Le succès même de l'amortissement des bons incite les parlementaires à mettre en question les priorités de la Caisse d'amortissement. Il est question alors d'élargir son champ d'intervention à l'ensemble de la dette publique. Ce qui est fait fin 1928. Les ressources exceptionnelles de la Caisse de 1927 à 1930 (tabac, taxes et excédents budgétaires) servent à racheter des rentes en bourse, notamment celles postérieures à 1914 qui bénéficiaient de taux d'intérêt élevés.

---

[110] Le franc Poincaré stabilisé est officiellement rattaché à l'or en 1928, il contient 65,5 milligrammes d'or au titre de 900 millièmes, soit 58,95 milligrammes d'or fin, contre 322,58 milligrammes d'or au titre de 900 millièmes soit 290,25 milligrammes d'or fin lors de sa création par Bonaparte par la loi du 7 germinal an XI (27 mars 1803), soit une dévaluation du franc de 80%.

La crise de 1929 provoque un recul sévère des transactions internationales, mais la France n'est pas inquiétée. Fin 1930 les rachats de rentes en bourse diminuent et n'atteignent plus que 4,3 milliards. En février 1931 elle abaisse à 2.5 les taux sur les bons de la défense.

Disposant de disponibilités élevées elle doit alors s'en servir pour prendre en charge pour le Trésor le remboursement d'un milliard cent vingt-huit millions de francs d'obligations de 1925. Puis pour 2,4 milliards en juillet 1931. En un an la Caisse a épuisé une grande part de ses réserves et ne joue plus désormais qu'un rôle marginal.

Le succès de la stabilisation se mesure à la stabilité du franc de décembre 1926 à mars 1933. Cependant la crise déclenchée en 1929 aux États-Unis se traduit par une récession sévère en France: baisse de la croissance réelle de 2.4% en moyenne par an de 1930 à 1936, accompagnée d'une déflation de même ampleur -2.5%. Quelle est la raison de cette crise ?

Une recherche récente[111] tend à démontrer que la récession a été provoquée par une fuite de l'épargne privée vers la sécurité c'est-à-dire vers les Caisses d'épargne, qui bénéficient d'une garantie de l'État et vers la Banque de France, privant les petites banques de ressources et les acculant parfois à la faillite. Que font alors les Caisses et la Banque de France de ces ressources abondantes ? Elles les placent en rentes pour une part et pour la Banque de France elle accroît son stock d'or qui double entre 1929 et 1932. Ainsi au lieu d'utiliser ces ressources pour lancer un plan de relance de l'économie, elles contribuent à aggraver la récession, ce qui finit par alourdir le ratio de la dette de 143% à 166% et pro-

---

[111] Patrice Baubeau, Eric Monnet, Angelo Riva and Stefano Ungaro.2018. *Flight-to-safety and the Credit Crunch: A new history of the banking crisis in France during the Great Depression.* Working paper 698, Banque de France.

voquer une montée brutale du chômage. Sur le plan international la thésaurisation de l'or par la Banque prive l'économie mondiale de liquidités dont elle aurait bien besoin.

En 1934, rare bonne nouvelle, à la suite de la décision des nazis d'annuler unilatéralement leur dette internationale, les alliés de la France sont alors amenés à annuler sa dette.

Le Front populaire de mai 1936 à avril 1938 relance les dépenses sociales, et accroît les déficits publics. La reprise de l'inflation est forte (+ 15% en moyenne annuelle) mais la croissance reste faible. La nationalisation de la Banque de France, accusée de servir les intérêts des capitalistes, remet la politique monétaire entre les mains du gouvernement.

La reprise de la course aux armements face à la menace hitlérienne est inévitable bien que tardive face à l'énorme effort accompli en Allemagne.

4. Les coûts de la restauration de la livre sterling à sa parité d'avant-guerre 1919-1931

Le Royaume-Uni sort de la guerre dans une situation nettement moins dégradée que celles de la France et de l'Allemagne. Pourtant son bilan économique est nettement inférieur entre 1919 et 1931. La longue tradition de stabilité de sa monnaie, le succès de sa politique de réduction de la dette publique au cours du XIXe siècle rendaient impensable l'idée de dévaluer la livre sterling, que ce soit pour l'opinion publique et ses élus, pour les banquiers ou pour les économistes orthodoxes. La volonté de retrouver la parité d'avant-guerre est au cœur du problème.

Pour y parvenir une politique budgétaire très restrictive est menée de 1920 à 1931, le surplus primaire du budget atteint près de 9% par an au prix d'une déflation de 3,5% et d'une croissance de 0,9% par an en moyenne. Lors de la décision du retour à la parité d'avant-guerre qui devait couronner cet effort, Keynes avait prévenu dès 1925 que "Mr. Churchill's experts also misunderstood and underrated the technical difficulty of bringing about a general reduction of internal money values. When we raise the value of sterling by 10 per cent., we transfer about £1,000,000,000 into the pockets of the rentiers out of the pockets of the rest of us, and we increase the real burden of the National Debt by some £750, 000, 000 (thus wiping out the benefit of all our laborious contributions to the Sinking Fund since the war)."[112]

À partir de 1931 la politique monétaire et budgétaire amorce un revirement radical qui se traduit notamment par la dévaluation de la £ et par l'accroissement des dépenses sociales pour lutter contre les effets de la crise de 1929. Celles-ci s'accroissent de 4,7% du PIB en 1913 à 7,2% en 1925 et à 8,7% en 1938.

5. Arithmétique de la dette : une comparaison France Royaume-Uni 1913-1933

À partir d'un niveau très élevé (130 %), la montée de la dette publique de 1913 à 1921 a été bien plus forte en France (170,7 points de PIB ; tableau 14) [113], qu'au Royaume-Uni (132 points ; tableau 15), qui partait de bien plus bas (27,8%). Les déficits budgétaires primaires ont été la cause majeure de cet accroissement. Il a été plus marqué

[112] John M. Keynes. 1925. *The Economic Consequences of Mr. Churchill.* pp. 10-13. London MacMillan.

[113] Ainsi le FMI a-t-il renoncé à publier les données sur la dette entre 1913 et 1919 (ainsi que sur la période 1933-1949), nous avons choisi de retenir ici les estimations de Patrice Baubeau. 2014. *War Finance (France), 1914-1918.* Online International Encyclopedia of the First World War, ed. by Ute Danie and alii., Freie Universität Berlin.

en France (182 points) qu'au Royaume-Uni (147 points). Plusieurs facteurs expliquent cette différence :

- la répugnance des gouvernements français de recourir à l'impôt,
- les destructions sur une partie importante du territoire français,
- les coûts de mobilisation et d'entretien des armées de terre sont bien plus élevés que les coûts engendrés par ceux des marines de guerre.

La progression de la dette a été freinée grâce à l'inflation (de 140 points du côté français et de 92 du côté anglais) et à des taux d'intérêt réels maintenus négatifs par les banques centrales (politique qualifiée souvent de répression financière par les économistes).

Le solde primaire rend compte de la montée de l'endettement en France, il dépasse même la variation des dettes (182% contre 171%). L'impact des déficits primaires est cependant réduit par une très forte inflation (15,5%) qui se traduit par des taux d'intérêt réels très négatifs (10,8%). Dans un autre sens les dettes s'alourdissent de la perte de croissance (23%) du fait que la guerre se déroule sur son territoire. Au total en 1921 la situation de la France paraît critique, du fait en particulier que sa dette est principalement une dette de court terme qu'il faut sans cesse renouveler.

Tableau 14 Dynamique de la dette de la France 1913-1933

	Variation dette	Solde primaire sur PIB	Intérêts réels	Croissance réelle	Différence intérêts croissance réelle	Contribution à la variation de la dette	Solde	Inflation
	dt-d0	b	r	g	r-g	b-(r-g)	(dt-d0)+b-(r-g)	π
Cumul								
1913-1921	170,7	-182,4	- 97,0	- 22,9	- 74,0	-108,4	62,3	139,9
Moyenne	19,0	- 20,3	- 10,8	- 2,5	- 8,2	- 12,1	6,9	15,5
Cumul								
1921-1933	-107,9	45,1	25,7	39,6	- 14,0	59,1	-48,8	37,2
Moyenne	- 8,3	3,5	2,0	3,0	- 1,1	4,5	- 3,8	2,9

Source : voir annexe 1

Le Royaume-Uni est dans une situation moins défavorable : sa dette ne s'accroît que de 132% de points de PIB dus pour l'essentiel à ses déficits primaires (148 %), tandis que l'inflation (92%) comme en France conduit à des taux d'intérêt réels négatifs (53%). La perte de croissance est moindre qu'en France (9,5% contre 23%). Cependant l'endettement anglais reste un endettement principalement à long terme ce qui facilite sa gestion.

Dans la période qui suit de 1921 à 1933 la France parvient à rétablir en partie une situation compromise et réduit sa dette de plus de 108 points tandis que le Royaume-Uni échoue et voit sa situation se détériorer de 30 points. Ce qui différencie le plus les deux pays c'est l'évolution des prix et de la croissance : alors que l'inflation se maintient à près de 3% en France, le Royaume-Uni connaît une violente déflation de 3,3% par an en moyenne, de plus la croissance réelle y est très faible, de 1% contre 3.5% en France. La valeur du différentiel est favorable en France de 14 points alors qu'il est défavorable en Angleterre de 86 points. Les efforts de réduction des déficits sont plus intenses au Royaume-Uni mais cela contribue à la déflation et à la faible croissance. De plus le maintien en niveau des salaires nominaux en pleine déflation renchérit le prix de revient des marchandises qu'on ne peut plus exporter, aggravant le déficit commercial. Simultanément la City contribue aux sorties de capitaux privés par leurs investissements à l'international accentuant le déficit de la balance courante.

Tableau 15 Dynamique de la dette du Royaume-Uni 1913-1933

	Variation dette	Solde primaire	Intérêt	Inflation	Croissance réelle	Différentiel	Variation induite	Ecart
		b	i	π	g	$(i-\pi-g)$	$d^*(i-\pi-g)-b$	
Cumul 1913-1921	132,1	-147,5	39,3	92,2	-9,5	-43,5	110,0	22,1
Moyenne	14,7	- 16,4	4,4	10,2	- 1,1	- 4,8	12,2	2,5
Cumul 1921-1933	29,5	107,8	56,8	-42,3	12,9	86,1	40,0	-10,4
Moyenne	2,3	8,3	4,4	- 3,3	1,0	6,6	3,1	- 0,8

Source: Voir annexe 1

Pour le Royaume-Uni c'est bien la conséquence de la politique budgétaire et monétaire[114] menée pour rétablir la convertibilité or de la livre sterling à son niveau d'avant-guerre. La crise des paiements contraint le Royaume-Uni à dévaluer la livre sterling en 1931 et à prendre des mesures protectionnistes fortes.

De 1931 à 1939 les deux pays oscillent entre l'austérité et le développement des politiques sociales notamment en France sous le front populaire. Pour finir, la montée des tensions avec l'Allemagne conduit à la reprise de la course aux armements et à l'expansion de la dette. L'entre-deux-guerres n'a pas permis de remettre d'aplomb les finances publiques.

6. 1933-1939 La course à l'abîme de l'Allemagne

Le réarmement clandestin comme solution à la dramatique crise économique et identitaire de l'Allemagne

L'Allemagne qui a subi l'humiliation du traité de Versailles, puis l'hyperinflation et la ruine des rentiers, fait face à un chômage de masse d'une ampleur inégalée en Europe après la crise financière de 1929. Le taux de chômage atteint au moins 11,4 millions de citoyens, soit plus de 40% de la population active. L'arrivée au pouvoir des nazis, avec son programme de réarmement apparaît pour une grande partie de la population allemande comme une revanche possible sur l'humiliation et la misère.

---

[114] Texte de Jacques Rueff. *Œuvres complètes, vol.1 : De l'aube au crépuscule*, Plon, 1977, reproduit dans Marc Flandreau. 1998. *1931 : la chute de la livre sterling et la crise internationale vues par Jacques Rueff.* In: Politique étrangère, n°4 - 1998 - 63e année. pp. 865-876.

Pour relancer la croissance et procéder au réarmement[115], l'Allemagne, pays doublement ruiné, va innover financièrement de manière radicale, en créant une structure fictive de financement : la MEFO (*Metallurgische Forschungsgesellschaft*), fondée par les firmes Krupp et Siemens, compagnie n'ayant aucune activité si ce n'est un rôle de façade pour des opérations financières destinées à masquer le financement du réarmement du pays. La MEFO émet entre 1933 et 1939 des bons qui sont des obligations d'entreprise destinées à l'industrie de l'armement allemande (dans l'acier, la mécanique et la chimie notamment) pour contourner les sévères restrictions imposées dans ce domaine par le traité de Versailles. Les banques et les municipalités étaient obligées d'acheter des bons MEFO, jusqu'à hauteur de 30 % de leur portefeuille pour les banques et de 90 % pour les municipalités et les compagnies d'assurance. Ces bons MEFO étaient convertibles en *reichsmarks* sur demande des entreprises auprès de la *Reichsbank*. Ils pouvaient être librement échangés et étaient garantis par l'État[2]. Le taux d'intérêt des bons MEFO était de 4 %. La *Reichsbank* a émis de très grandes quantités de bons MEFO : Richard Overy estime qu'entre 1934 et 1935, elle en a émis pour un montant de 4,8 milliards de marks ; en comparaison la masse monétaire officielle était de 6 milliards de marks. L'État nazi recourt aussi à l'expropriation totale des biens juifs.

Pour empêcher que cette monétisation des dépenses d'armement ne réanime l'inflation, le gouvernement nazi entreprend, tout en maintenant les salaires qui avaient déjà fortement baissé à la suite des crises précédentes, de limiter quantitativement la consommation des ménages par le recours systématique aux tickets de rationnement. Les ménages n'ont d'autres choix que d'épargner. Pour encourager

---

[115] Richard Overy. 1996. *The Nazi Economic Recovery 1932-1938*. New Studies in Economic and Social History; Cambridge University Press.

l'épargne on fait miroiter aux ménages allemands l'acquisition d'une voiture (la Volkswagen littéralement la voiture du peuple) que bien sûr ils ne verront pas du fait de la guerre. Ainsi l'argent émis revenait via les comptes d'épargne dans les caisses de la *Reichsbank.* Fondamentalement l'émission de ces bons est une émission de monnaie sans contrepartie destinée à une production de guerre qui ne peut trouver sa justification que dans l'enclenchement de la guerre proprement dite.

Autre solution pour contenir les coûts de production c'est la mise en place progressive de camps de concentration qui va permettre de mobiliser une masse croissante de travailleurs : les opposants de toutes sortes aux nazis, puis lorsque la guerre sera déclarée la réquisition des populations des territoires occupés pour combler les emplois des citoyens mobilisés en masse pour faire la guerre. Ces hommes réduits en esclavage sont mis au travail à un coût inférieur à ce qui aurait été nécessaire à leur survie[116].

Un autre aspect de la politique nazie consiste à se libérer de la dépendance des importations de toutes sortes, mais prioritairement des importations de matières premières et d'alimentation. Par ailleurs l'État allemand mène une poli-

---

[116] Voir notamment les chapitres 14 « La grande stratégie de la guerre raciale » et 16 « Travail, nourriture et génocide » de l'ouvrage essentiel d'Adam Tooze. 2012. *Le salaire de la destruction, formation et ruine de l'économie nazie.* Les belles lettres pour la traduction et Perrin pour l'édition. L'ampleur des mises à mort et des déportations en masse des populations civiles, qui avaient été programmées par les dirigeants nazis obéissaient à trois sortes de motivations : l'idéologie génocidaire qui prévaudra sur toutes les autres, surtout à l'égard des juifs, symbolisée par le programme de la « Solution finale » organisée par la SS, le souci de coloniser les terres conquises par des cultivateurs de races aryennes, le souci d'assurer l'approvisionnement alimentaire des combattants et de la population allemande, et de s'en servir pour réduire à la famine les populations locales à travers le « Plan de la faim » dirigé par la Wehrmacht, enfin le besoin vital de remplacer les combattants mobilisés et tués au front par de la main-d'œuvre importée. Ces différents objectifs sont évidemment contradictoires mais pèseront de plus en plus lourd dans le déroulement de la guerre.

tique de recherche intense pour fabriquer des produits capables de se substituer aux importations coûteuses en devises, comme le caoutchouc ou le carburant synthétique, préparant le règne des *ersatz*.

Ce plan de relance est un succès. De 1933 à 1939, le taux de croissance du PIB en Allemagne varie entre 6 % et 11 %, le chômage de masse est éliminé, l'inflation est contenue entre 0 % et 4%.

Cependant les témoins de l'époque remarquent que l'économie allemande est extrêmement désorganisée : sous une planification autoritaire mise en priorité au service du réarmement, le reste de l'économie souffre de toutes sortes de restrictions. Alors même que les responsables militaires estiment qu'ils ne sont pas encore prêts à déclencher une guerre, Hitler n'hésite pas à se lancer dans l'annexion de l'Autriche, de la Sarre puis des Sudètes qui sera suivie de celle de la Tchécoslovaquie tout entière (pour les mines de fer et l'expropriation des juifs). Matériellement ces conquêtes renforcent considérablement le potentiel allemand (l'Autriche a été au centre du continent européen) et psychologiquement renforce le nationalisme allemand et l'hubris de ses dirigeants.

Par la suite la conquête de nouveaux territoires et le pillage systématique des pays conquis va permettre de décupler les moyens de la militarisation totale de la société allemande. En France par exemple le régime de Pétain collabore au pillage matériel et financier de la France, à l'expropriation des juifs, à leur déportation et à leur extermination finale, ainsi qu'à la déportation en masse des travailleurs français[117] (Service du Travail Obligatoire), entre autres…

---

[117] Les travaux de recherche citent le chiffre de 1 500 000 Français - prisonniers, réquisitionnés du STO, volontaires - qui auraient travaillé en Allemagne entre 1942 et 1945 Georges Kantin et Gilles Manceron. 1991. *Les Échos de la*

L'inconscience des vainqueurs de 1914 est presque totale. Qu'il suffise de dire qu'au lieu de s'opposer dès 1933 fermement au réarmement de l'Allemagne qui était clairement interdit par le traité de Versailles, ces pays ont laissé faire et ont de leur côté continuer à réduire leurs dépenses militaires jusqu'au dernier moment. Ce qui ne les a pas empêchés d'entrer dans la Seconde Guerre Mondiale avec des déficits publics supérieurs à150%[118].

Le financement des alliés au cours de la Seconde Guerre Mondiale

Les destructions consécutives à la guerre ont été plus terrifiantes encore que celles de la Première Guerre Mondiale. Tous les pays en guerre ont accumulé des dettes colossales dépassant souvent les 200% de leur PIB.

Les nazis ont financé leur guerre grâce, pour un tiers au moins, au pillage des pays conquis et à la mise en esclavage de millions de travailleurs. À la sortie de la guerre les dettes allemandes atteignent sans doute 473% du revenu national[119] (473 milliards de marks pour un revenu national de 100 milliards en 1944). Lors de la réforme monétaire de 1948 créant le Deutsche mark, les dettes détenues par des particuliers, les anciens Länder et les communes qui ont contribuées au financement du Reich sont purement et simplement annulées, de même que les créances sur le parti nazi.

---

mémoire : tabous et enseignements de la Seconde Guerre mondiale, Le Monde éditions, 1991, p. 51. https://fr.wikipedia.org/wiki/Service_du_travail_obligatoire_(France).

[118] Alfred Sauvy.1984. *Histoire économique de la France entre les deux guerres*. Volume III. Réédition Economica. Les données officielles de la dette française deviennent erratiques révélant un degré de déliquescence administrative grave. A. Sauvy a choisi de ne retenir que les données de déficit public qui sont un peu moins mauvaises pour estimer la croissance de la dette à partir de 1933.

[119] Richard W. Lindholm. 1947. *German Finance in World War II.* The American Economic Review, Vol. 37, No. 1, pp. 121-134

Pour la seconde fois en ce siècle l'Allemagne perd sa monnaie. Tandis que le Reichsmark s'échange en petites quantités (jusqu'à 60 marks) au pair, au-delà le taux est de 1000 anciens marks pour 65 nouveaux marks. Les puissances alliées signent en février 1953 le London Act Agreement on German External Debts qui décide de réduire de moitié le solde attaché aux dettes de la Première Guerre Mondiale. Le FMI évalue alors la dette résiduelle pour l'Allemagne à 22% du PIB d'alors.

Dès 1941 le Royaume-Uni se trouve au bord de la banqueroute quand intervient le programme de prêt-bail américain (tableau 16). Le Royaume bénéficie de plus du soutien humain, matériel et financier de ses dominions (du Canada en Particulier).

Tableau 16 : Royaume-Uni Financement de la Seconde Guerre Mondiale 1939-1945

(Données cumulées)

	Mds de £	% du total	% du PIB
Impôts	16,6	48,1	27,7
Emprunts domestiques	15,3	44,1	25,4
Emprunts à l'étranger	3,7	10,7	6,2
Ventes d'actifs	-1	-2,9	-1,7
Total	34,6	100	57,6
Programme du prêt bail	6,7	19,4	11,1
Total général	41,3	119,4	68,7

Source : ONS

Le programme de prêts-bails (Land-Lease Program 1941-1945) soutient l'effort de guerre des alliés via l'envoi de matériels et d'équipements militaires et de ressources alimentaires de toutes sortes. Ces prêts sont en fait des dons qui ne doivent pas donner lieu à des remboursements, à la différence de ce qui s'était produit après la guerre de 1914-18. Le Royaume-Uni a été le principal destinataire de ce programme : sur un total cumulé de 48,4 milliards de dollars (soit 22% du PIB américain de 1945), l'Empire britannique en a reçu 31,4 milliards, l'URSS 10,9 milliards et la France libre 3,3 milliards. Ces dons, qui correspondaient à des exportations de matériels américains, ont été un puissant moteur de la croissance économique des États-Unis qui dépasse 15% en moyenne annuelle au cours de cette période.

La France a subi le pillage de l'occupant nazi, la déportation d'une partie de sa main d'œuvre (STO) et de ses citoyens d'origine juive, activement aidé par le régime de Vichy. La dette de la France atteint environ 230% en1944, du fait en partie de la chute brutale de sa production.

Les États-Unis ont eu largement recours à l'endettement public. Jusque-là la dette américaine était toujours restée modérée comparée à la France et au Royaume uni. Même lors des graves crises (guerre d'indépendance, guerre civile ou Première Guerre Mondiale) la dette publique américaine était restée inférieure à 40% du PIB (graphique 4). En moyenne elle équivaut de 1794 à 1939 à 20% du PIB. Le programme massif de relance économique de Roosevelt provoque une montée de la dette à 40% en 1939 à la veille de la Seconde Guerre Mondiale. L'effort de guerre est colossal et la dette atteint plus de 120% en 1946.

Entre temps la monnaie américaine a changé de statut et est devenue la monnaie internationale de référence que tous les pays cherchent à obtenir car elle donne accès à toutes sortes de biens essentiels ou non. Son statut de monnaie internationale lui permet de financer sans douleur les déficits (graphique 5) à venir jusqu'à nos jours.

Graphique 5 Dette publique des Etats-Unis 1791-2021 (en % du PIB)

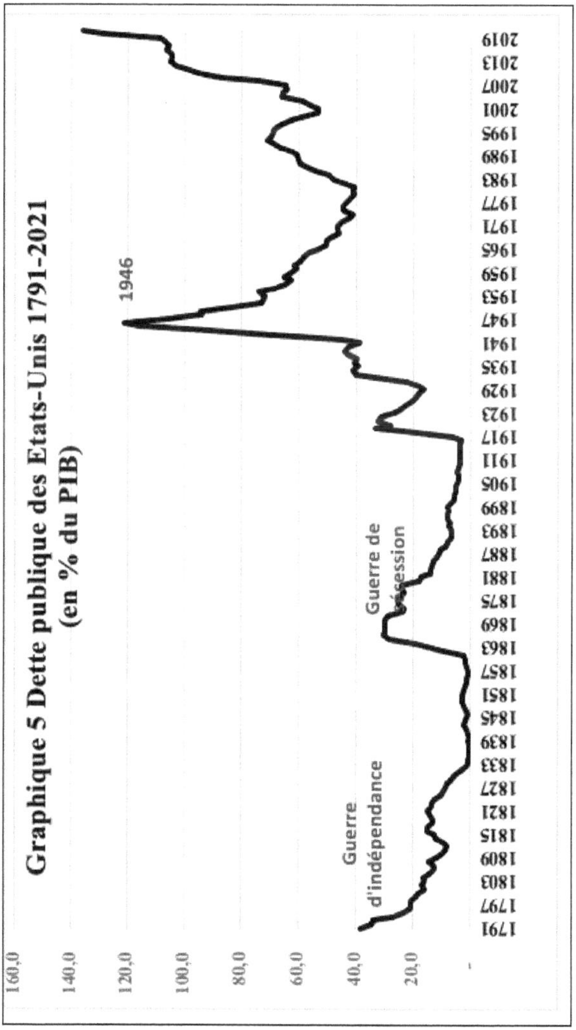

Chapitre 7
De la Seconde Guerre Mondiale à la pandémie

1. L'après-guerre : Un nouvel ordre mondial à la recherche de la paix et de la croissance

Les Européens de l'Ouest choisissent la voie de la réconciliation, notamment entre Français et Allemands, fondée sur l'idée d'une intégration économique profonde. Celle-ci commence par la création en 1951 de la CECA (Communauté Economique du Charbon et de l'Acier, deux industries à la base des armements lourds), rassemblant six pays : France, Allemagne, Italie, Belgique, Pays-Bas et Luxembourg ; puis la création de la CEE (Communauté Economique Européenne) qui abolit les tarifs douaniers entre pays membres, c'est-à-dire une zone de libre-échange pour les marchandises, entamée en 1957 et achevée sans encombre en 1968 ; et la mise en place d'une Politique Agricole Commune pour accroître la productivité et gérer l'exode rural. En 1993 est créée l'Union Européenne qui inclut « le marché unique » étendu aux services. En 1998 la création de la monnaie unique (Euro) et de la Banque centrale européenne amorce une intégration financière profonde entre les pays membres. Entre temps le nombre de pays adhérents est passé de 7 à 28 (avant la sortie du Royaume-Uni).

À l'opposé, l'URSS, qui s'oppose en 1946 au plan Marshall, choisit la division de l'Europe en deux blocs, entre l'Est derrière le « rideau de fer [120]» sous domination totale de l'URSS et l'Ouest allié et protégé militairement par les États-Unis. Elle crée le COMECON pour tenter de rivaliser avec la CEE. Après une phase de reconstruction réussie, l'URSS et ses satellites s'enlisent progressivement dans une économie centralement planifiée où la priorité est donnée aux industries lourdes et d'armement afin de faire jeu égal avec les États-Unis. Cette politique épuise les ressources de ces pays et se fait au détriment de la consommation des ménages. Les magasins publics sont vides et les files d'attente sont le quotidien des populations. Un échec qui s'achèvera avec la chute du mur de Berlin en 1989 et la fin de l'empire soviétique en 1991.

Au niveau mondial le multilatéralisme inspire les politiques : mise en place du système de l'ONU (Organisation des Nations Unies) dont le mot d'ordre est de négocier plutôt que de rechercher l'affrontement. Il est notamment composé du Conseil de sécurité et de son assemblée générale pour le maintien de la paix, de la Banque mondiale pour l'aide au développement, du FMI (Fonds Monétaire International) pour promouvoir la coopération monétaire, la stabilité financière et aider les pays en difficulté, de la BRI (Banque des Règlements Internationaux) pour aider les banques centrales, de l'OIT (Organisation Internationale du Travail), de l'OMS (Organisation Mondiale de la Santé) etc.[121]. En dépit de la guerre froide, qui est émaillée de très fortes tensions entre les deux camps, l'affrontement nucléaire est évité à deux reprises, la décolonisation se réalise

---

[120] Winston Churchill, le 5 mars 1946, rendit l'expression populaire lors du fameux discours de Fulton (Missouri, États-Unis) « De Stettin sur la Baltique à Trieste sur l'Adriatique, un rideau de fer s'est abattu à travers le continent ».

[121] La plupart de ces organisations avaient connu des prédécesseurs dans l'entre-deux-guerres comme la SDN (Société Des Nations ancêtre de l'ONU, mais elles avaient échoué en ne parvenant pas à réunir les nations les plus puissantes de l'époque et en particulier les États-Unis qui traversaient une période isolationniste.

de manière plus ou moins pacifique (à l'exception notable des Indes, du Vietnam et de l'Algérie) et est à peu près achevée à la fin des années 60 (sauf celle de l'Empire soviétique qui ne s'effondre qu'en 1990).

La gestion macroéconomique : l'idée qui domine est de tout faire pour éviter un retour des crises de l'entre-deux-guerres, ce qui sera fait par le retour progressif au libre-échange des marchandises grâce à la réduction des tarifs douaniers dans le cadre du GATT (General Agreement on Tarifs and Trade), par un contrôle strict des mouvements internationaux de capitaux, par la coopération financière et monétaire sous l'égide du FMI pour la stabilité des changes, par le retour à l'orthodoxie budgétaire tout en permettant le développement de politiques sociales à grande échelle et la réduction des inégalités. Le résultat fut une croissance exceptionnelle et partagée de 1946 à 1973.

À partir des années cinquante les pays développés reviennent à une certaine normalité économique, la France et le Royaume-Uni retrouvent en 1949 leur niveau de vie d'avant-guerre, l'Allemagne et le Japon y parviendront cinq ans plus tard. Les États-Unis n'ont jamais été aussi puissants et dominent la scène mondiale. En 1950 leur niveau de vie dépasse de 50% la moyenne des pays de l'Europe de l'Ouest[122]. Pendant ce temps le tiers-monde se libère du joug colonial et adopte des politiques économiques allant jusqu'à la rupture complète avec le système occidental (la Chine et l'Inde en particulier). Les pays d'Asie orientale non communistes font exception. Ces politiques commenceront à changer à partir du premier choc pétrolier où de nombreux gouvernements des pays en développement au-

---

[122] Bolt, Jutta and Jan Luiten van Zanden. 2020. *Maddison style estimates of the evolution of the world economy. A new 2020 update.* Maddison Project Database.
https://www.rug.nl/ggdc/historicaldevelopment/maddison/releases/maddison-project-database-2020?lang=en

ront recours à des emprunts internationaux (dettes souveraines participant au recyclage des pétrodollars) pour financer leur croissance, au risque du piège de l'endettement. Ce que l'Amérique latine et l'Afrique n'éviteront pas ; elles subiront durant les années quatre-vingt une décennie de faible croissance qualifiée de « décennie perdue ».

Du point de vue des dettes publiques des pays développés on peut distinguer deux périodes (graphique 6) : la première qui va, en gros, de 1950 à 1979 est celle de la diminution drastique des dettes publiques pour les pays les plus endettés, cette période s'achève aux alentours des chocs pétroliers. La seconde période, qui va de 1979 à nos jours, enregistre une forte remontée des niveaux des dettes publiques dues notamment à la crise financière de 2008 et à la pandémie apparue fin 2019.

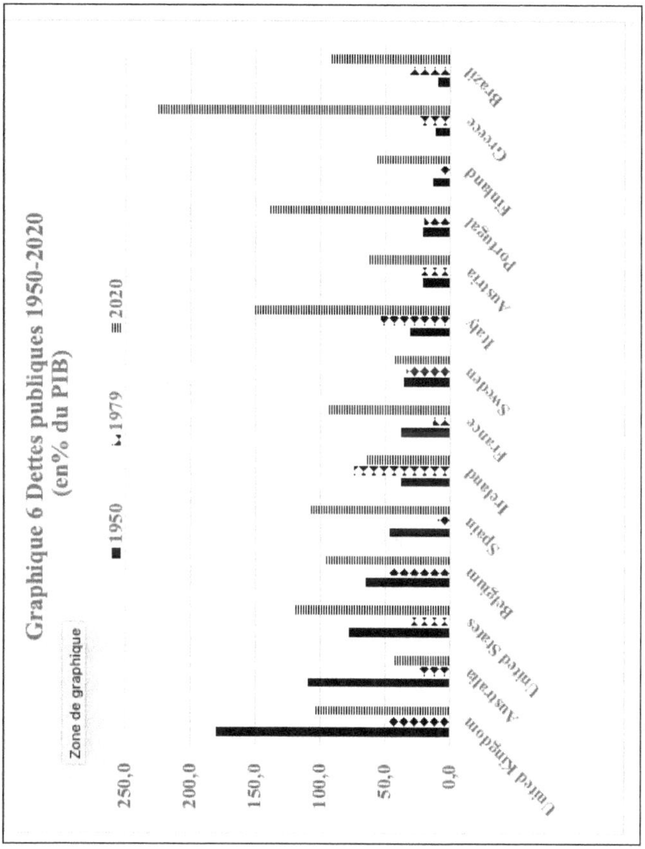

Source : OCDE

Dettes publiques : la disparition 1950-1979
L'immédiat après-guerre : l'inflation joue un rôle majeur dans la réduction des dettes

Alors que la dette publique de la France au sortir immédiat de la guerre est colossale, et atteint environ 230% du PIB, elle est réduite brutalement entre 1945 et 1948 grâce à une très vive inflation de l'ordre de 266% et à la répression financière conséquence du maintien par la Banque centrale de taux d'intérêt nominaux très faibles et donc de taux réels négatifs. Le retour à une situation normale commence en 1950, la dette n'est plus alors que de 40%.

Le Royaume-Uni, qui est entré en guerre avec une dette énorme de 155% en 1939 en sort avec une dette encore plus élevée de 259% en 1946. À la différence des autres pays du continent, elle n'a pas souffert de dévastation comparable et a bénéficié du soutien massif des États-Unis tout au long de la guerre. Le résultat paradoxal c'est que le Royaume uni, qui n'a pas connu de forte inflation entre 1939 et 1950 (en moyenne à peine plus de 5% par an), n'a pu en profiter pour réduire son endettement dont le ratio reste très élevé en 1950 à 217%.

Les États-Unis réduisent leurs dettes de 36 points de PIB entre 1946 et 1950, dont 30 points grâce à l'inflation et 9 points grâce au solde primaire ; la récession post conflit, restructurant des industries de guerre en industries de temps de paix, joue en sens contraire pour 8 points.

Les trente glorieuses et la contrainte extérieure

Pour reprendre la formule de Fourastié, les « trente glorieuses », qui vont de la fin de la guerre aux chocs pétroliers, sont la période au cours de laquelle les pays développés ont connu la croissance la plus forte, la plus régulière et la plus longue de leur histoire.

Les dettes publiques sont en forte baisse (graphique 6) et en 1979 aucun pays ne dépasse plus les 50%. Le Royaume-Uni enregistre la plus forte baisse avec 154 points de PIB (tableau 17) grâce aux 156 points de PIB d'excédents primaires qu'il enregistre. Cependant les évolutions du différentiel entre intérêt et croissance auraient dû lui permettre d'annuler complétement sa dette : ce qui n'a pas été le cas. Sa dette est encore de 38% en 1991. L'un des facteurs résiduels qui pèse sur le Royaume-Uni c'est encore sa volonté de défendre sa monnaie et la valeur des balances sterlings, héritages du temps de la splendeur de son empire. La politique économique du Royaume-Uni a été qualifiée de politique de « stop and go ». Chaque relance de son économie se heurte à des crises de change et à des dévaluations (1956, crise de Suez, 1967, 1972) qui la contraignent à mener des politiques d'austérité cassant la croissance. Ces dévaluations alourdissent le poids de sa dette contractée en dollars.

Tableau 17 Dynamique des dettes du Royaume-Uni, de la France et des États-Unis de l'après-guerre aux chocs pétroliers

	Variation dette	Solde primaire	Intérêt réel	Croissance réelle	Différentiel intérêt croissance	Contribution à la variation de la dette	Solde	Inflation
	dt-d0	b	r	g	r-g	b-(r-g)	(dt-d0)+b-(r-g)	π
Royaume-Uni Cumul 1950-1990	-153,8	155,7	44,6	120,0	-75,3	231,1	77,3	298,2
Moyenne	-3,8	3,8	1,1	2,9	-1,8	5,6	1,9	7,3
France Cumul 1950-1977	-25,0	20,8	-9,7	140,5	-150,1	170,9	145,9	194,5
Moyenne	-0,9	0,7	-0,3	5,0	-5,4	6,1	5,2	6,9
États-Unis Cumul 1948-1981	-53,2	-11,3	43,8	123,7	-79,9	68,6	-121,8	141,1
Moyenne	-1,6	-0,3	1,3	3,6	-2,3	2,0	-3,6	4,2

Sources: ONS, INSEE, FRED et calculs de l'auteur

À la sortie de la Seconde Guerre Mondiale, en Europe et en Asie, les États jouent un rôle majeur pour assurer le ravitaillement de populations en état de famine, qui sont parfois massivement déportées, et pour entreprendre la reconstruction des infrastructures détruites par la guerre. Dans la plupart des pays développés cette première phase est suivie dans les années cinquante d'un recul des interventions publiques dans l'économie au profit d'une part de la régulation par le marché, d'autre part des dépenses sociales, qui doivent être autofinancées par diverses cotisations à la charge des employeurs et des actifs, pour la santé, la retraite, la formation etc.

La France reste cependant un cas à part et fait, pendant près de trente ans, le choix d'une forme de planification dite « indicative et incitative ». C'est un système dans lequel l'État élabore, tous les quatre ans environ, un plan qui définit avec les partenaires sociaux les priorités nationales et leur alloue les moyens nécessaires. Et cela sera poursuivi malgré la coexistence d'une forte volonté de modernisation industrielle sur le long terme et d'une forte instabilité gouvernementale, compensée en partie par le fait que le personnel politique et de la haute fonction publique qui détient le pouvoir reste à peu près stable tout en changeant d'affectation selon les gouvernements.

Pour mettre en œuvre cette politique la Banque de France et l'administration des finances jouent un rôle fondamental[123]. À partir de 1948, la Banque de France, nationalisée de facto en 1936, suit les directives du gouvernement. Elle détient le contrôle direct de la politique de crédit bancaire et de l'émission de la monnaie. Cette politique permet de déconnecter les taux d'intérêts souverains du marché et notamment de l'inflation. En jouant sur les quantités la Banque peut à volonté accroître le crédit ou le restreindre sans toucher aux taux.

---

[123] Éric Monnet. 2021. *Politique monétaire et politique du crédit en France pendant les Trente Glorieuses 1945-1973*. Thèse, https://hal.archives-ouvertes.fr/tel-03138235.

En résumé la politique suivie se caractérise de la façon suivante : le gouvernement impose des taux bas afin de financer sa dette à faible coût. La Banque est chargée de distribuer les crédits aux secteurs prioritaires, aux banques et à l'exportation. En offrant aux banques un refinancement à bon compte elles les incitent à développer leurs crédits ou, au contraire, à les restreindre en cas de montée de l'inflation (la France connaîtra six périodes de contraction monétaire entre 1948 et 1973). Les sorties et les entrées de capitaux sont très contrôlées.

Malgré de fortes tensions sur l'équilibre extérieur et les dévaluations récurrentes du franc, cette stratégie volontariste a été au total couronnée de succès par trois décennies de croissance forte et de modernisation accélérée, tout en permettant la réduction de l'endettement public.

La réduction de l'endettement a été entamée très tôt grâce à la très forte inflation des cinq premières années d'après-guerre. Puis au cours de la période 1950-1977, alors que l'excédent primaire de 21 points a déjà permis de stabiliser la dette ; la forte croissance (5% en moyenne) et des taux d'intérêt réels négatifs de 1% auraient dû permettre la quasi-annulation de la dette. Cela n'a pas été le cas il reste une dette de 15 points de PIB en 1977. Cette réduction partielle de la dette résulte de plusieurs facteurs : l'inclusion dans les données de dette publique des dettes détenues par la Caisse autonome d'amortissement ainsi qu'un certain nombre d'autres dettes, qui avaient été plus ou moins masquées par les gouvernements d'avant-guerre et de Vichy. Par ailleurs les dix dévaluations successives du franc, à hauteur de 29%, ont alourdi la part de la dette détenue en monnaie forte (30% environ au début des années cinquante). Cependant la dette publique n'est plus, à la veille des chocs pétroliers, un sujet majeur.

L'Allemagne et le Japon, pays vaincus, sont dévastés, la famine sévit, les populations doivent faire face à une inflation dramatique, leur monnaie perd toute valeur (pendant un temps les cigarettes américaines font œuvre de monnaie à Berlin). Leur dette publique domestique est de ce fait quasiment annulée. Et, contrairement à l'après Première Guerre Mondiale, ils n'auront pas à payer la plus grande partie des destructions qu'ils auront occasionné. Ils n'ont pas d'effort particulier à accomplir pour maintenir ensuite leur dette en dessous du seuil de 30%, jusqu'en 1979. Le taux de change des monnaies allemande et japonaise est fixé à un taux très bas en 1952. Il permet de reconstruire leur économie grâce notamment au développement spectaculaire de leurs exportations facilitées par les accords du GATT. La monnaie allemande sera réévaluée à plusieurs reprises, contrairement à la monnaie japonaise qui restera volontairement sous-évaluée jusqu'au milieu des années quatre-vingt où les Américains imposeront sa réévaluation (de 360 yens pour un dollar, le taux de change passe à 120 yens pour un dollar).

Quant aux États-Unis le recul de leur dette s'explique pour 80 points par la forte croissance nominale. En revanche leur solde primaire reste déficitaire tout au long de la période, il correspond pour partie au coût de leur présence militaire internationale et des deux guerres menées en Corée et au Vietnam.

2. Dettes publiques 1979-2022: le retour

À partir des chocs pétroliers les dettes publiques s'accroissent un peu partout dans les pays importateurs : dans les pays développés pour compenser les effets sur les revenus des ménages de l'inflation importée, et dans les pays émergents pour attirer les pétrodollars qui ne trouvent plus à s'employer dans les pays développés dont la croissance s'affaiblit.

Par ailleurs les États-Unis, au nom de la défense de leurs intérêts nationaux, décident unilatéralement en 1973 de laisser flotter leur monnaie espérant ainsi rétablir la compétitivité de leur économie en se libérant notamment de la contrainte d'équilibre de leur balance des paiements.

En résumé on assiste à une triple rupture entre 1973 et 1979 dans le système économique mondial

- Le ralentissement de la croissance s'amorce pour la plupart des pays développés après le premier choc pétrolier et se poursuit jusqu'à nos jours.
- Les crises pétrolières de 1973 et 1979 font apparaître des limites physiques à la croissance dues à l'épuisement des ressources naturelles.

Le flottement du dollar, seule véritable monnaie internationale, s'impose au monde entier : la plupart des pays développés laissent flotter leur monnaie[124], tandis que de nombreux pays en développement décident de maintenir un ancrage plus ou moins fixe au dollar. Le flottement du dollar et la libéralisation des mouvements internationaux de capitaux, devait permettre d'allouer les investissements de manière optimale et d'assurer l'équilibre ex post de leur balance des paiements.

Ces politiques échouent. D'une part la croissance dans les pays développés ralentit encore et on assiste à une montée de l'inflation qui menace de devenir incontrôlable. D'autre part dans les pays en développement l'accroissement excessif des dettes souveraines contractées en dollar va souvent les conduire au défaut et à une décennie perdue en termes de croissance pour l'Amérique latine et l'Afrique.

---

[124] L'Europe toutefois cherche à minimiser les variations entre ses différentes monnaies en fixant des marges de fluctuation, tandis que le Japon ancre sa monnaie au dollar jusqu'en 1985, date à laquelle les États-Unis imposent la réévaluation du Yen et son flottement.

1979-2007 : le libéralisme triomphe à l'échelle mondiale[125]

Thatcher en 1979 et Reagan en 1981 imposent leur politique ultralibérale. Le programme de Reagan comprend notamment : la réduction du rôle de l'État par la réduction drastique des dépenses publiques (à l'exception des dépenses militaires), la baisse de la fiscalité sur les revenus des plus riches et sur les plus-values (ce qui provoque une montée de la dette publique des États-Unis), la déréglementation de secteurs entiers tels que les télécommunications et le transport aérien. Enfin il incite la banque centrale à mener une politique monétaire fortement restrictive (on y reviendra) pour casser l'inflation.

Par ailleurs la chute du mur de Berlin en 1989, le « consensus de Washington » en 1990, la création de l'OMC en 1995 (une des seules organisations internationales ayant la possibilité d'imposer le règlement des conflits entre nations souveraines), ou encore l'entrée de la Chine dans l'économie de marché sont autant de symboles de cette libéralisation économique tous azimuts.

L'ensemble de ces mesures conduisent à une accélération formidable de l'internationalisation : les exportations mondiales rapportées au PIB mondial passent de 11% en 1973 à 24% en 2007, il en va de même naturellement pour les importations. Par ailleurs la valeur des actifs financiers aurait été multipliée par 20 selon le FMI.

Les dettes publiques s'accroissent modérément entre 1979 et 2007 : de 17 points en moyenne pour les pays de l'OCDE, elles restent encore modestes en termes de ratio de dette sur PIB (53% en moyenne pour les pays développés, l'Italie, la Grèce et surtout le Japon font exception, la dette publique japonaise atteint déjà 183%).

---

[125] Michel Fouquin et Jules Hugot. 2016. *Back to the Future: International Trade Costs and the Two Globalizations*. CEPII Working Paper n°2016-13.

2007-2021 L'entrée dans la zone des tempêtes et le changement de paradigme macroéconomique

Deux crises majeures déstabilisent l'économie mondiale : la crise financière de 2007 à 2013 qui résulte d'une spéculation financière effrénée aux États-Unis sur les *subprimes*, qui débouche finalement sur la crise financière majeure de 2008, la plus grave crise depuis la crise de 1929, et la pandémie de 2020-2022. Pour lutter contre les effets de ces crises les gouvernements engagent une remontée de leurs dettes publiques de très grande ampleur. Cette remontée résulte des politiques mises en œuvre par les gouvernements pour faire face d'une part au risque d'effondrement du système financier américain à l'origine de cette crise, effondrement qui menace le système mondial, et d'autre pour lutter contre l'effet de la mise à l'arrêt forcé des économies du fait de la pandémie. Cette explosion des déficits publics apparaît a posteriori soutenable grâce à l'appui massif que leur accordent les banques centrales pour leur financement et aurait permis un retour à la normale s'il n'y avait pas eu le déclenchement de l'agression russe conte l'Ukraine.

Cette période est marquée par un changement radical dans les politiques macroéconomiques et par le retour d'une forme de keynésianisme parfois qualifiée de « théorie moderne de la monnaie »[126].

La crise financière de 2008 à 2013

Par bien des aspects cette crise rappelle celle de 1929. L'ampleur du choc est comparable mais la gestion de la

[126] Cette théorie justifie le recours aux plans de relance économique massif par le rachat systématique des dettes publiques par les banques centrales, pour pouvoir accroître fortement les dépenses publiques, caractérisant la dominance fiscale sur la politique monétaire orthodoxe. Par ailleurs les partisans de cette théorie estiment que l'État doit prendre en charge la création d'emplois d'utilité publique pour tous les chômeurs. Xavier Ragot. 2021. *La théorie moderne de la monnaie est-elle utile?* OFCE le Blog.

crise a été nettement meilleure grâce à l'intervention massive des États pour sauver le système commercial international, éviter une guerre des monnaies et la faillite de grandes banques dites systémiques et permettre ainsi de rétablir la confiance dans les marchés. Je ne reviens pas ici en détail sur la genèse de la crise financière américaine entamée en juillet 2007 par la crise du financement immobilier, à l'origine de la crise financière qui a éclaté en septembre 2008 avec la faillite de Lehman-Brothers, et qui s'est propagée à l'ensemble du monde en 2009 et a provoqué une récession majeure.

Rappelons simplement que cette crise est pour une large part due à la politique de baisse drastique des taux directeurs de la Fed (Banque centrale des Etats-Unis) pour éviter une récession à la suite de l'éclatement de la bulle internet. Au début de l'année 2000, les taux à 10 ans de la Fed étaient à 6,5%, ils sont ramenés par étapes à 1% en juillet 2003. Compte tenu de l'inflation, les taux d'intérêt réels sont négatifs. Cette baisse des taux provoque une spéculation immobilière hors normes alimentée par un endettement majeur des ménages, lui-même accentué par l'invention de produits financiers innovants permettant de rendre liquides des actifs par nature non liquides, activant encore plus la spéculation. Devant la flambée des prix de l'immobilier et de la montée des prix de l'énergie, la FED décide de remonter ses taux, qui étaient fixés à 1% depuis 2003, à partir de 2004 pour atteindre 5,25 % au milieu de l'année 2006, provoquant une montée brutale à 17% des défauts de paiements des ménages qui s'étaient surendettés. Ceux-ci sont expulsés de leurs logements qui sont revendus à vil prix reflétant la course effrénée des organisations financières après la liquidité. Cette montée des défauts de paiements atteint alors les banques les plus exposées et se transforme en une crise financière majeure.

Les produits financiers qualifiés désormais de toxiques, qui promettaient des rendements élevés et sûrs ont été diffusés dans les banques des pays développés qui, à leur tour, cherchent à s'en défaire car elles sont touchées par l'assèchement brutal des liquidités : toutes cherchent à réaliser leurs investissements et ne font plus crédit conduisant à une crise bancaire globale. Les actions des banques s'effondrent entraînant les bourses dans leur chute.

L'impact est particulièrement brutal dans le secteur du commerce international qui fonctionne en grande partie sur des crédits à court terme qui se renouvellent régulièrement et qui, tout d'un coup, alors qu'ils ne sont pour rien dans la crise, se retrouvent totalement dépourvus de liquidités et stoppent quasi instantanément leurs activités. Ainsi le commerce mondial a-t-il connu une baisse d'activité de 37.9 % entre août 2008 et août 2009. Les États ont été contraints d'intervenir en injectant massivement des liquidités dans le système bancaire allant jusqu'à nationaliser les banques en faillite.

Au total les pertes mondiales se sont élevées à 500 milliards de dollars, et à 300 milliards de recapitalisation, suivies du sauvetage des entreprises les plus vulnérables. Les banques sont contraintes d'intégrer leurs pertes dans leurs comptes et voient leur valeur marchande baisser d'autant les rendant vulnérables. De nombreuses entreprises asiatiques en profitent pour entrer au capital de certaines de ces banques. En 2008 l'État américain rachète pour 700 milliards d'actifs pourris, procède à la nationalisation des entreprises en faillite (General Motors) au cas par cas, ou encore offre des prêts garantis remboursables.

La crise a eu des effets de moyen terme ce qui explique la très faible croissance des pays développés pendant 6 années (une perte de 1% en moyenne, avec une récession initiale de 2,5 à 5,7% du PIB selon les pays en 2009)[127]. Le ratio de la dette publique augmente entre 2,5 points de PIB par an et près de 10 points au Japon.

Menaces sur la zone euro et crise des dettes souveraines

La crise financière a eu pour effet d'accélérer la montée des dettes publiques pour recapitaliser les banques et les grandes entreprises et soutenir la reprise économique après la forte récession. D'une dette moyenne des pays membres de l'OCDE de 41% en 2007, à la veille de la crise, celle-ci est passée à 67 % en 2014.

De fait la montée des dettes en zone euro a été facilitée par des taux refi de la BCE[128] maintenus à un niveau historiquement faible de 1% entre mai 2009 et avril 2011. Ces taux faibles s'appliquaient à toute la gamme des crédits et pratiquement à tous les pays de la zone euro sans distinction quant à la qualité des finances publiques des différents pays. Ce qui permettait à des pays déjà fortement endettés de continuer à s'endetter.

Jusqu'à la fin de 2009, où la Grèce s'est déclarée en cessation de paiement. Selon les règlements de la BCE il était hors de question que celle-ci prenne en charge (« bail-out ») la dette grecque. Cette position de principe était aussi soutenue vigoureusement par l'Allemagne et la France notamment. De plus la Commission européenne a découvert à cette occasion que les statistiques publiques officielles de la Grèce avaient été délibérément falsifiées et qu'il n'était pas

[127] Carmen Reinhart and Kenneth Rogoff. 2014. *Recovery from Financial Crises: Evidence from 100 Episodes.* American Economic Review: Papers & Proceedings, pages 50–55.

[128] Le taux refi (pour la BCE, et repo pour la Fed) permet à la banque centrale de fournir contre garanties des liquidités aux banques à un taux qu'elle décide.

possible de faire confiance aux politiques grecs pour réformer les finances publiques du pays, qui seront mises sous tutelle de l'UE jusqu'en 2022.

La crise grecque, par un effet domino, a presque aussitôt déclenché une crise des pays les plus endettés de la zone : l'Italie, l'Espagne, le Portugal et l'Irlande. Les taux auxquels ces pays devaient emprunter ont fait un bond rendant impossible la continuité du service de leur dette. Ainsi les marchés avaient cru que les dettes de chaque pays de la zone Euro étaient de fait une dette quasi unique bénéficiant des mêmes garanties que celles du pays le plus sûr de la zone.

Pendant trois ans[129] la zone euro faute de solutions consensuelles est menacée d'éclatement. La lenteur des négociations intergouvernementales et l'inadéquation des solutions envisagées, aussitôt sanctionnées par les marchés, contraindra de fait à un compromis entre la réduction négociée de certaines dettes et la rigueur budgétaire qui s'impose aux pays en crise. Cette solution renchérit le coût du crédit et conduit à un nouveau ralentissement de la croissance de la zone euro.

La BCE opère un tournant décisif de sa politique et décide en juin 2014 de baisser ces taux à 0.15% et de mettre en place un grand programme de *quantitative easing*, en y mettant tous les moyens nécessaires (« quoi qu'il en coûte » selon l'expression de Mario Draghi son Président), ce qui stoppe la spéculation.

Ces politiques de soutien de l'activité économique n'ont pas provoqué de crises de dettes générales et en ce sens ont été un succès grâce à la maitrise des taux d'intérêt par les

---

[129] A ce sujet voir : Élie Cohen. 2012. *L'euro à l'épreuve de la crise des dettes souveraines*. Politique étrangère 2012/1 (Printemps), pages 23 à 38.

banques centrales. Le *quantative easing*[130] ou « L'assouplissement quantitatif est un outil de politique monétaire non conventionnelle. Utilisé pour lutter contre le risque de déflation et de récession, il consiste, pour une banque centrale, à intervenir de façon massive, généralisée et prolongée sur les marchés financiers en achetant des actifs (notamment des titres de dette publique) aux banques commerciales et à d'autres acteurs. Ces achats massifs entraînent une baisse des taux d'intérêt. » Ces politiques ont été un succès parce qu'elles n'ont pas provoqué de montée de l'inflation (voir au chapitre suivant ce qu'il en est en 2022) qui aurait pu suivre cette montée des dépenses publiques, et qui est de fait restée très faible jusqu'en 2020.

La crise du COVID 2020-2022

La crise du COVID se caractérise par un choc mondial majeur consécutif à la décision d'imposer un confinement, plus ou moins strict selon les pays, de tous les citoyens non indispensables. Le résultat est un arrêt brutal de l'activité économique. Dans les pays du G7 cela correspond en 2020 à un recul du PIB compris entre 4,5% (Allemagne et Japon) et 9,3% (Royaume-Uni). Les gouvernements décident de plans massifs de soutien des entreprises et des revenus des

[130] Initiée par le Japon en 2001 pour lutter contre le risque de déflation, elle conduit ce pays à enregistrer des niveaux records de dette publique, détenue essentiellement par le système financier japonais. La Fed adopte des mesures similaires à partir de 2008 pour lutter contre le risque de crise financière systémique. Enfin la BCE prend des mesures similaires à partir de 2010 et surtout à partir de l'été 2012 afin de prévenir l'éclatement de la zone euro, elle s'engage à racheter les dettes des pays menacés « quoi qu'il en coûte » c'est-à-dire sans limite ce qui permet de stopper immédiatement la spéculation. Pendant la crise du COVID tous les pays recourent à cette politique jusque et y compris les pays émergents. La question c'est ensuite de savoir comment on revient à des politiques « normales ».
Source:https://abceconomie.banqueFrance.fr/sites/default/files/medias/documents/qe_092021.pdf

ménages impliquant des hausses de déficit compris entre 8% du PIB (France) et 12,4% (États-Unis).

Grâce à ces plans, la pandémie n'a pas détruit les capacités de production des pays les plus concernés. La machine économique a pu redémarrer et la reprise a été souvent très forte en 2021 ce qui permettait d'espérer un retour progressif à des déficits soutenables.

Le bilan des deux crises en termes de dette

Ces dépenses se sont traduites par des hausses importantes des ratios de dette publique : de 50 points pour la France et le Royaume-Uni (soit de 3,4% par an pour la France et de 3,9% par an pour le Royaume-Uni), de plus de 60 points pour les États-Unis et de 90 points pour le Japon. La seule exception est la dette de l'Allemagne qui n'augmente que de 6 points. Ces évolutions sont pour l'essentiel générées par l'accumulation de déficits primaires de montants équivalents.

Tableau 18 Evolution des dettes de 2008 à 2021 (En moyenne annuelle et % du PIB)

2008-2021	Variation de la dette	Solde primaire observé	Intérêt réel	Croissance réelle	r-g	Inflation
France	3,4	-2,9	0,2	0,7	-0,5	1,3
Allemagne	0,4	0,7	-0,3	0,9	-1,2	1,5
Italie	3,4	0,3	1,7	-0,5	2,2	1,3
Japon	6,5	-5,2	0,2	0,1	0,1	0,3
Royaume-Uni	3,9	-4,4	-0,1	0,9	-1.0	2,2
États-Unis	4,9	-5,5	0,4	1,6	-1,1	1,9

Source : FMI WEO, avril 2022 et calculs de l'auteur

L'Italie est un cas à part: son solde primaire budgétaire est quasi stable alors que sa dette augmente fortement (tableau 18). Deux facteurs expliquent cette évolution : les taux d'intérêts italiens sont restés très élevés ce qui est dû à la crise de financement de sa dette de 2012 et sa croissance a été négative, ce qui se traduit par un différentiel intérêt croissance fortement positif qui alourdit la charge de sa dette de 2,2% par an. L'Italie est l'exemple d'un pays pris au piège de la dette. La solidarité européenne par le biais de la politique de la BCE de rachat des dettes italiennes évite le défaut de paiement.

L'Allemagne est le contre-exemple presque parfait : des taux d'intérêts réels en baisse et négatifs, une croissance proche de 1%, un faible déficit public qui permet de stabiliser sa dette à un niveau faible de 70% atteint en 2021, qui reste tout de même au-dessus des critères de Maastricht de 60%.

Le Royaume-Uni combine un déficit primaire s'aggravant fortement de -4,4% ce qui se traduit par une hausse de la dette de 3,9%, compensée par une croissance de 0,9%.

Les États-Unis malgré la politique budgétaire la plus active de notre échantillon (-5,5% de solde primaire) parviennent à contrôler la croissance de leur dette à 4,9%, grâce à une croissance élevée de 1,6%, une inflation supérieure à 1,9% et un intérêt réel de 0,4% se traduisant par un différentiel intérêt-croissance de -1,1%.

Le cas exceptionnel du Japon[131]

Enfin le Japon présente un cas hors du commun car avec une dette publique déjà hors norme avant le COVID, il enregistre une croissance de ses déficits et de sa dette les plus élevés de l'échantillon. En 2021 sa dette atteint 263% du PIB. Selon les critères usuels de soutenabilité il devrait être en défaut de paiement or il n'en est rien. Son endettement extraordinaire est d'abord la conséquence d'une série de crises de très grande amplitude. Cela commence avec la crise de 1991[132] qui clôt une phase de spéculation immobilière et boursière spectaculaire (la valeur de l'immobilier dans les quartiers résidentiels de la ville de Tokyo dépassait,

---

[131] Anton Brender et Florence Pisani. 2022. *Faut-il s'inquiéter du poids élevé des dettes publiques ? Les leçons du cas japonais.* In n° 146, Revue d'Economie Financière, *La soutenabilité des dettes publiques.*

[132] Elle-même en partie provoquée par la réévaluation, sous la forte pression américaine, du yen en 1985, puis par l'ouverture du pays aux investisseurs étrangers qui s'aperçoivent peu à peu que les entreprises japonaises sont surendettées et leurs actions surévaluées.

à surface égale, de 40 fois celle de Londres[133], dans la crise elle baisse en moyenne de 50%), puis il y a la crise de 1996 avec la faillite du groupe Sanyo[134]maison de courtage qui déchaîne une crise boursière globale, enfin il y a la crise des *subprimes* qui affecte en 2008 le Japon plus gravement que les États-Unis, alors même que ses banques ne détiennent pratiquement pas de produits toxiques. C'est l'effet de la très forte dépendance de ses exportations vers le marché américain. C'est le cas notamment des exportations d'automobiles qui subissent une chute de 50% de leur valeur. Face à toutes ces crises le gouvernement et la Banque du Japon sont intervenus massivement pour éviter la faillite de l'économie japonaise. La Banque du Japon est la première à pratiquer dès 2001 une politique dite de *quantitative easing*, c'est-à-dire l'achat de titres privés et publics qui risquaient de ne pas trouver preneur sur le marché. Cette politique a pris une très grande ampleur en 2008, elle n'a pas mis en péril la Banque. Une première raison tient au fait que la dette publique du Japon est détenue à 90% par les investisseurs japonais, 60% sont détenus par le secteur public dont 50% par la Banque du Japon et 10% par le Fonds de réserve de la sécurité sociale et la Poste qui offrent une grande sécurité. Les banques et les assurances privées en détiennent 20% et les 10% restants sont détenus par les étrangers. Cette forme de détention annule les risques de change[135]. Par ailleurs le Japon connait une inflation faible qui protège le pouvoir d'achat de l'épargne des ménages japonais qui

---

[133] Yukio Noguchi. 1994. *Land Prices and House Prices in Japan.* In *Housing Markets in the U.S. and Japan,* Yukio Noguchi, and James Poterba editors. University of Chicago Press

[134] Ce sont les déboires de ses filiales non bancaires, impliquées dans les gigantesques prêts immobiliers que la société mère n'était pas autorisée à faire, qui lui ont été fatals. Le sauvetage de cette société échoue car les financiers sollicités se trouvent eux-mêmes en difficulté.

[135] Il en va en partie de même dans la zone euros dont la dette est entièrement libellée en Euros, mais il y manque encore la solidarité entre les pays membres.

en détiennent une grande part sous forme liquide. La stagnation des salaires et la désindustrialisation du Japon (au profit des importations chinoises) ont été les principales causes de cette faible inflation. Le choc énergétique et alimentaire provoqué par l'invasion russe n'a pas d'impact sensible sur l'inflation au Japon où elle atteint en 2022 à peine 2.3%, contre 8% en moyenne pour les pays de l'OCDE.

Ce que démontre le cas japonais c'est que l'idée d'un seuil soutenable de la dette publique n'est pas le même selon les pays. Ainsi la dette des pays émergents qui faisaient défaut au cours du XXe siècle s'élevait en moyenne à seulement 40% de leur PIB.

Conclusion

Au-delà des fluctuations de court terme, la période de 2005 à 2021 apparaît exceptionnelle du point de vue des dépenses publiques. Elle est caractérisée par une inflation faible de 1.5% en moyenne dans les pays développés, ce qui est nettement inférieur à la cible de 2% que se sont fixé les banques centrales. Ce qui leur a permis de baisser leurs d'intérêts directeurs à des niveaux proches de zéro, alors même que selon le FMI la dette de l'ensemble des pays développés a augmenté en 2021 de 50 points de PIB par rapport à 2005. Le ratio dette sur PIB s'approche en 2021 de 100%.

Malgré une croissance économique très faible, tous les pays développés n'ont pas retrouvé en 2021 leur niveau de revenu d'avant crise. Au total le différentiel intérêt croissance (r-g) est resté négatif sur toute la période (graphique 7), ce qui a permis d'émettre massivement des titres de dettes et de supporter des taux d'endettement particulièrement élevés sans craindre de défaut. Au total la dette des pays sous revue (tableau 18) paraissait soutenable, même pour l'Italie ou la Grès ce qui bénéficient de la solidarité européenne pour limiter la hausse de leurs taux d'intérêts.

Voyant venir et espérer la fin de la pandémie, les perspectives d'un retour à la normale permettaient de dessiner au tout début 2022 un avenir sinon prospère du moins gérable. Le souci premier était de réduire progressivement les dépenses exceptionnelles liées à la pandémie et de maintenir des taux d'intérêts faibles grâce à la maîtrise de l'inflation et des dépenses publiques.

Chapitre 8
Et maintenant : le pire est-il certain ?

« La violence est aujourd'hui déchaînée au niveau de la planète entière, provoquant ce que les textes apocalyptiques annonçaient : une confusion entre les désastres causés par la nature et les désastres causés par les hommes...Nous sommes la première société qui sache qu'elle peut se détruire de façon absolue. Il nous manque néanmoins la croyance qui pourrait étayer ce savoir»[136].

L'économie mondiale est confrontée à de violents chocs récurrents, ce n'est pas nouveau, mais la séquence que nous connaissons depuis 2008 est remarquable par sa diversité : entre une crise financière majeure d'origine privée (quatre-vingt-dix ans après la crise de 1929), en passant par une pandémie (un siècle après la grippe espagnole), voici venir une crise militaire menaçant la paix en Europe si ce n'est dans le monde (quatre-vingt-deux ans après la Seconde Guerre Mondiale), enfin la lutte contre le dérèglement climatique s'impose au monde comme une urgence majeure. Une telle accumulation de crises peut faire craindre le pire.

Au début de 2022 l'endettement public dans les pays développés avait permis d'atténuer les effets de la crise financière et de la pandémie ; la fin de la phase aigüe de la pandémie et la vive reprise économique aidant, l'endettement devait pouvoir se réduire plus ou moins rapidement

[136] René Girard.2011. *Achever Clausewitz*. Flammarion.

selon les pays, grâce aussi à des conditions macroéconomiques exceptionnelles : faible inflation et taux d'intérêts réels négatifs. L'agression russe bouleverse le paysage macroéconomique mondial en provoquant une crise énergétique et alimentaire majeure qui se traduit par une accélération de la hausse des prix à la consommation, entamée en 2020 à 4%, estimée par le FMI à 8% pour l'année 2022. L'Europe qui est fortement dépendante du gaz russe en est particulièrement affectée (10% de hausse des prix pour la zone euro).

Les pays développés doivent faire face, mais les tensions financières et sociales qui se sont multipliées depuis 2008 rendent l'adaptation au choc difficile :

• perte de pouvoir d'achat des salariés proche de 6.5% depuis 2 ans au niveau de la zone euro, car les salaires ne sont pas indexés sur l'inflation et s'adaptent donc avec retard, il en va de même pour les retraites,

• de nombreux secteurs de services publics sont en difficulté comme la santé, l'éducation, la justice, la police…

• les industries intenses en énergie doivent réduire leur production ou même fermer leurs usines.

• le réarmement s'impose à tous les pays proches du front,

• le financement des industries stratégiques face à la concurrence chinoise entraine une multiplication des subventions publiques notamment dans le secteur de l'économie numérique (semi-conducteurs, ordinateurs quantiques, intelligence artificielle…),

• enfin il y a la lutte contre le dérèglement climatique, qui devrait mobiliser des ressources exceptionnelles pendant plus d'une décennie, s'impose de plus en plus comme une urgence vitale.

Face à ces défis, les État se retrouvent en première ligne et on les voit mal réduire leurs dépenses publiques. Mais est-ce soutenable ? Pour répondre à cette question on commence par faire le point de certaines grandes tendances de fond (démographie, investissement, croissance et productivité). Est-il possible d'en déduire ce que seront les tendances des taux d'intérêt et donc le coût de l'endettement?

1. De quelques tendances de fond précédant 2022 :

• baisse de la croissance de la population des pays de l'OCDE : elle passe d'une moyenne de 1% par an dans les années 1970 à 1996, à 0,4% de 1996 à 2020. Par la suite les projections démographiques médianes de l'ONU évaluent à 0,2% la croissance de 2020 à 2040 pour les pays les plus avancés. Avec pour conséquence le vieillissement des populations et l'incitation à épargner plus pour financer une retraite plus longue,

• baisse de l'investissement (graphique 7): depuis le début des années soixante-dix la part de l'investissement brut dans le PIB ne cesse de baisser d'une moyenne de 26,5% à 21,5%. Cette baisse du taux de l'investissement est générale : Japon (-16 %), Allemagne (-9), Italie (-8), Royaume-Uni (-10) ; la France (-4) et les États-Unis (-2,5) sont les moins touchés. Cette baisse de l'investissement se traduit bien entendu par le ralentissement des gains de productivité et de la croissance,

Graphique 7: Pays à haut revenu
Formation Brute de Capital (en % du PIB)

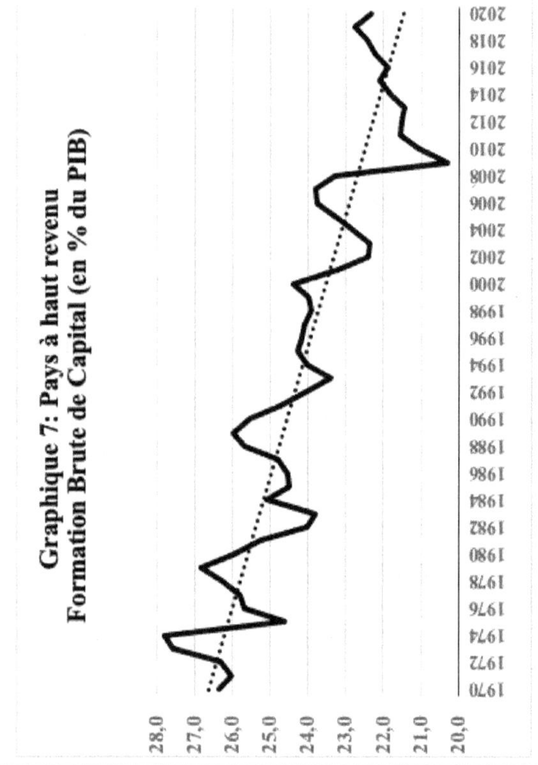

Source : WDI Banque mondiale 2022

• baisse de la croissance de la productivité horaire du travail (tableau 19) : d'une moyenne supérieure à 4,5% dans les années précédant le premier choc pétrolier, elle tombe à 2% en moyenne jusqu'en 1996, puis à 1,7% entre 1996 et 2008 et à moins de 1% depuis la crise de 2008 (en y intégrant une hypothèse optimiste de retour à la tendance d'avant-crise entre 2021 et 2023 ce qui semble aujourd'hui optimiste).

Tableau 19 : Déclin de la productivité horaire du travail 1960 Q1- 2023 Q4 (Taux de croissance annuel moyen)				
	1960 Q1-1973 Q1	1973 Q1-1996 Q1	1996 Q1-2008 Q1	2008 Q1-2023 Q4
Europe-17	4,3	2,4	1,0	0,4
Allemagne	3,8[1]	2,6	1,0	0,5
France	4,8	2,0	1,2	0,5
Italie	5,3	2,0	0,1	-0,1
Belgique	4,1	2,0	1,4	0,4
Pays Bas	2,4[2]	0,9	1,3	0,4
Grande-Bretagne	2,5[3]	2,0	1,7	0,5
Japon	7,8	2,8	1,2	0,2
Corée	n.d.	6,2	4,0	1,7
États-Unis	2,2	1,2	2,1	1,0
OCDE[4]	4,6	2,0	1,7	0,9

Source : OCDE Perspectives économiques octobre 2021 Notes : 1/ Données annuelles pour la RFA in C. Bosquet et M. Fouquin op.cit. 2/ 1969 Q1-1973 Q1 3/ Calculs sur données annuelles 4/ Agrégat variable selon les périodes.

• baisse de la croissance du PIB (graphique 8) dans les pays de l'OCDE : de 6% au début des années cinquante celle-ci tombe à moins de 1.25%[137] dans les années 2008-2021.

[137] OCDE. 2012. Perspectives de l'environnement de l'OCDE à l'horizon 2050:Les conséquences de l'inaction

Graphique 8: Croissance annuelle moyenne des pays du G7 (1951-2021)

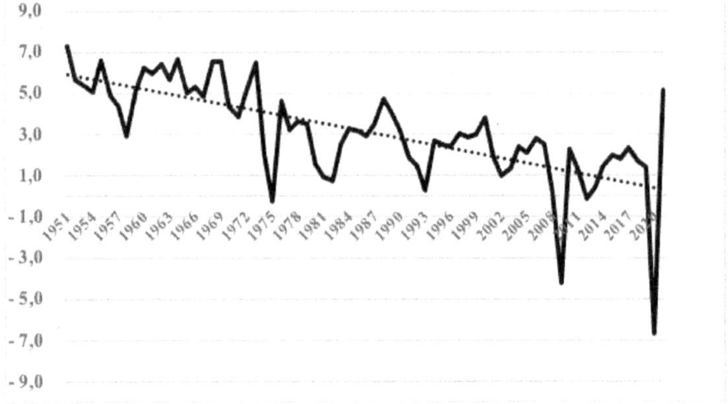

Source : WDI Banque mondiale 2022

• baisse de la part salariale dans la valeur ajoutée, depuis les années quatre-vingt-quinze la part salariale a diminué en moyenne de 3.3 points de PIB dans les pays de l'OCDE (la France faisant exception). Selon une étude de l'INSEE[138], le progrès technologique enregistré dans le secteur des biens d'équipement et la participation accrue aux chaînes de valeur mondiales ont contribué au déclin de la part salariale. Ces tendances de long terme permettent-elles d'expliquer la baisse des taux d'intérêt ?

• le vieillissement des populations entraîne une montée des taux d'épargne des ménages pour financer les retraites,

• la baisse de la natalité réduit la demande d'infrastructures (habitation, écoles, transport) donc d'investissements,

• le recul des investissements conduit à la baisse des gains de productivité du travail,

---

[138] Mathilde Pak, Pierre-Alain Pionnier, Cyrille Schwellnus. 2019. *Évolution de la part du travail dans les pays de l'OCDE au cours des deux dernières décennies.* Economie et Statistique, Insee, pages 17–34.

• l'excès d'épargne et l'insuffisance d'investissement ex ante qui en résultent pèsent sur les taux d'intérêt réels pour équilibrer l'épargne et l'investissement ex post,

• enfin la baisse de la croissance des prix en dessous de la cible de 2% choisie par les banques centrales conduit à des taux eux-mêmes proches de zéro.

En 2015 certains économistes en concluent que les pays développés sont entrés dans une phase de stagnation séculaire (cf. encadré).

2. Le concept de stagnation séculaire

Les analyses des évolutions du taux d'intérêt réel qualifié de naturel ou de neutre selon les auteurs se partagent entre les macroéconomistes qui se retrouvent plus ou moins dans l'analyse de Rachel Łukasz et Larry Summers[139] que nous venons de résumer et les financiers classiques qui cherchent à évaluer les primes de risque. Les modèles macroéconomiques sont efficaces pour retracer les mouvements de baisse des taux, en revanche leurs estimations des primes de risque échouent à reproduire leurs fortes variations, elles n'en donnent que des valeurs stables. Au contraire les modèles financiers retracent bien les évolutions erratiques de la finance mais se révèlent incapables de simuler une baisse tendancielle des taux d'intérêts et ne croient pas en la durabilité de faibles taux.

Un troisième larron, un historien cette fois s'est introduit dans la controverse en estimant l'évolution à très long terme (huit siècles) des taux d'intérêts réels et de la croissance. Selon les travaux de P. Schmelzing[140]publiés en 2020 et

[139] Rachel Lukasz and Lawrence H. Summers. Op.cit.

[140] Paul Schmelzing. 2020. *Eight centuries of global real interest rates, R-G, and the 'supersecular' decline, 1311-2018.*Bank of England, Staff working Paper n°845. Et Kenneth Rogoff et alii. op.cit.

leurs suites publiées en 2022 avec Kenneth Rogoff, on observe une baisse tendancielle des taux d'intérêt réels depuis 1590. Cette tendance pluriséculaire ne connaît pas de rupture, même si les taux s'en écartent, notamment au cours de périodes de crise (peste noire, Révolution française et guerres napoléoniennes, les deux guerres mondiales par exemple) ces taux après quelque temps reviennent sur la tendance de fond. Les deux auteurs ne trouvent aucune explication simple à ce phénomène, en particulier ils constatent que ni la démographie ni la croissance à long terme ne sont corrélées à la baisse des taux. Tout juste émettent-ils l'idée que la financiarisation croissante du monde et la résilience financière sur longue période des grandes économies développées peuvent avoir contribué à cette évolution. Mais pour le moment on manque de données suffisantes sur très longue période pour confirmer une telle corrélation.

Les taux négatifs sont-ils une anomalie ou une tendance de fond ? Ces travaux, remarquables par la documentation rassemblée, échouent à nous donner une perspective pour les années à venir, si ce n'est qu'un retour sur les tendances est vraisemblable mais cela peut prendre du temps.

Finalement les travaux de Josh Davis, Cristian Fuenzalida, and Alan M. Taylor. 2007. *The Natural Rate Puzzle: Global Macro Trends and the Market-Implied r**. NBER Working Paper No. 26560[141], permettent de réconcilier les deux courants d'analyse en élaborant un modèle de synthèse intégrant les grandes tendances macroéconomiques structurelles et les analyses financières. Leur conclusion est que ces tendances structurelles sont le moteur principal des évolutions à long terme des taux.

[141] Josh Davis, Cristian Fuenzalida, and Alan M. Taylor. 2007. *The Natural Rate Puzzle: Global Macro Trends and the Market-Implied r**. NBER Working Paper No. 26560.

L'argument central avancé pour expliquer la baisse des taux repose sur l'idée que le taux d'intérêt permet d'équilibrer l'épargne avec l'investissement. Mais ce qui est possible dans une économie fermée l'est-elle encore dans une économie ouverte ? L'excès ex ante d'épargne (respectivement de l'investissement) peut aussi conduire à la sortie (respectivement à l'entrée) des capitaux vers l'étranger (qui s'endette). Mais cela ne fait que repousser le problème car il semble que l'excès ex ante d'épargne s'observe également au niveau mondial. Selon la banque mondiale le taux d'épargne brute mondial est passé de 23% dans les années soixante-dix à près de 27% en 2020.

L'intégration des marchés financiers par ailleurs conduit à l'alignement des taux directeurs dans les pays développés : quand la Fed hausse ses taux elle attire les investisseurs internationaux ce qui force à terme les autres banques centrales à suivre.

La baisse des taux d'intérêt réels est-elle conjoncturelle ou tendancielle?

C'est en 1898 que Wicksell introduit la notion de taux d'intérêt naturel (noté en général r*) ou neutre de l'économie : il s'agit du taux réel à court terme qui doit assurer une croissance de plein emploi à inflation constante. La difficulté c'est que ce taux est inobservable, il doit être estimé par le recours à des estimations économétriques. C'est ce que tentent entre autres K. Holston, T. Lauback et J. Williams[142]. La valeur estimée du taux naturel réel permet d'évaluer si la politique monétaire est expansionniste (res-

---

[142] Kathryn Holston, Thomas Laubach, and John C. Williams. 2017. *Measuring the Natural rate of Interest: International Trends and Determinants*. Journal of International Economics. Les estimations les plus récentes: Thomas Laubach and John C.Williams. 2020. *Measuring the Natural rate of Interest*. Federal Reserve Bank of New York.

pectivement restrictive) au cas où le taux de court terme observé est inférieur (respectivement supérieur) au taux naturel. Le modèle HLW est simple en son principe, il s'appuie sur une estimation des trends de croissance du PIB, de l'inflation et du taux d'intérêt à court terme calculés à l'aide du filtre de Kalman, afin d'éliminer autant que possible les fluctuations de court terme pour trouver les valeurs structurelles. Ils appliquent ensuite leur modèle aux données des États-Unis, de la zone Euro, du Canada et du Royaume-Uni menées sur des périodes longues (au minimum soixante-dix ans).

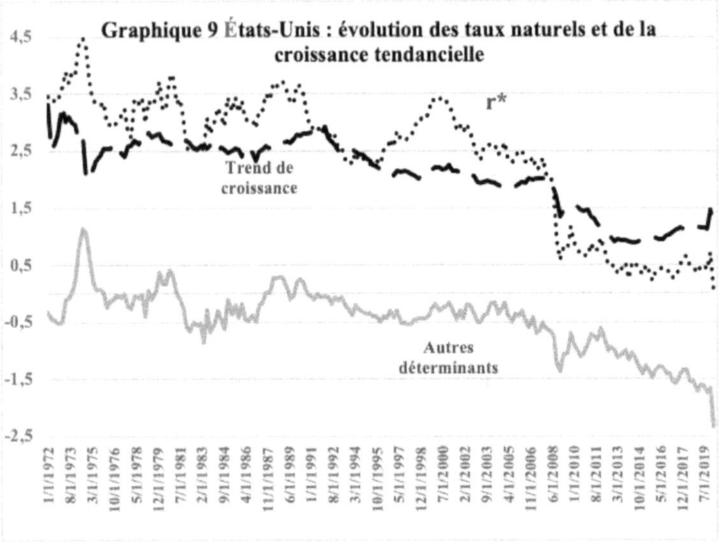

Graphique 9 États-Unis : évolution des taux naturels et de la croissance tendancielle

Source: Thomas Laubach (2020) op.cit.

Les travaux de T. Laubach (2020) montrent que les trends de la croissance potentielle (croissance estimée qui assurerait le plein emploi et une inflation stable) ne sont pas stables (graphiques 9 et 10). Différentes phases s'observent: faible baisse de 1979 à 1987, puis une faible remontée jusqu'en 1992, puis une forte baisse de 1992 à 2012, enfin chute suivant la crise de 2008 et légère remontée ensuite vers 1,5% aux États-Unis et 1% pour la zone euro. L'évolution d'ensemble correspond à une forte baisse de la croissance qui est accompagnée d'une forte baisse des taux d'intérêt naturels réels. Celle-ci apparaît encore plus volatile et plus accentuée que celle de la croissance. Rachel Łukasz et Larry Summers en tirent la conclusion que nous sommes entrés dans une phase de « stagnation séculaire »[143]. Selon leurs estimations les taux d'intérêt naturels réels (taux nominaux déflatés par un indice des prix), à court comme à long terme, ont baissé de 300 points de base entre 1978 et 2008. Ils sont devenus nettement négatifs depuis. Cette tendance à la baisse observée est en réalité sous-estimée car, ajoutent les deux auteurs, elle se combine à différentes mesures de soutien public de la demande, notamment après la crise des *subprimes* et la pandémie, d'une part, et à la montée des dépenses de santé et de retraite d'autre part. Sans ces mesures de soutien de la demande, la baisse des taux aurait été de 700 points de base.

Graphique 10 Zone Euro: évolution des taux naturels et de la croissance tendancielle 1972-2020

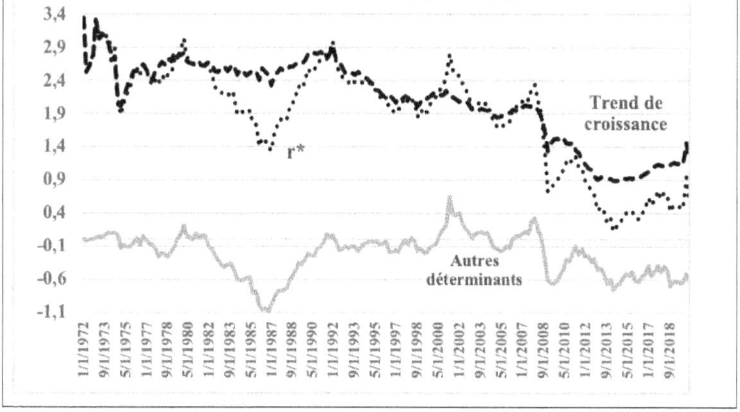

Source: Thomas Laubach (2020) op.cit.

[143] Le terme est évoqué pour la première fois par Hanson en 1939, il est repris dans Rachel Łukasz et Lawrence H. Summers. 2019. *On Secular Stagnation in the Industrialized World.* Brookings Papers on Economic Activity, Spring.

Leur étude converge vers les constats suivants :

- le taux d'intérêt naturel (r*) n'est pas une valeur stable, il varie dans le temps,
- il y a une tendance nettement décroissante à long terme de r*.
- à la fin de la période d'estimation 2008-2020 la valeur de r* est très faible, proche de zéro, sa chute est liée à la crise financière de 2008,
- le recul du trend de croissance potentiel apparaît fortement corrélé à la baisse du taux naturel,
- ces tendances sont communes à la zone Euro et aux trois pays analysés,
- les estimations sont très imprécises en ce qui concerne les niveaux de r*, en revanche les tendances observées sont robustes et se retrouvent dans toutes les estimations réalisées par d'autres auteurs avec d'autres méthodes.

Au-delà de 2020 les auteurs ont décidé de renoncer à leurs estimations jugeant que l'ampleur du choc COVID rend le calcul des trends trop aléatoires pour produire des résultats significatifs. Il va de soi que la crise ukrainienne rend l'exercice encore plus périlleux.

Soutenabilité des dettes depuis les années quatre-vingts

À partir de 1980 le différentiel taux d'intérêt croissance (r-g) (graphique 11) redevient positif jusqu'en 1997, du fait notamment des deux chocs pétroliers qui ont provoqué un choc inflationniste majeur. L'inflation atteint près de 15% en 1974 dans les pays de l'OCDE et ce rythme se maintient jusqu'en 1981 à une moyenne annuelle de 14%. Les dettes publiques s'accroissent pour contrer l'effet dépressif de la ponction opérée par la facture pétrolière. L'essentiel sera, dans un premier temps, supporté par les entreprises qui, du fait que les salaires sont indexés sur l'inflation dans beaucoup de pays, voient leurs profits chuter entraînant la réduction de leurs investissements, le ralentissement de la croissance et la montée du chômage de masse.

Graphique 11 Ecart taux d'intérêt réel et croissance réelle (r-g) 1953-2021
(moyenne en % non pondérée Italie, France Allemagne, Etats-Unis, Angleterre, Hollande, Espagne, Japon)

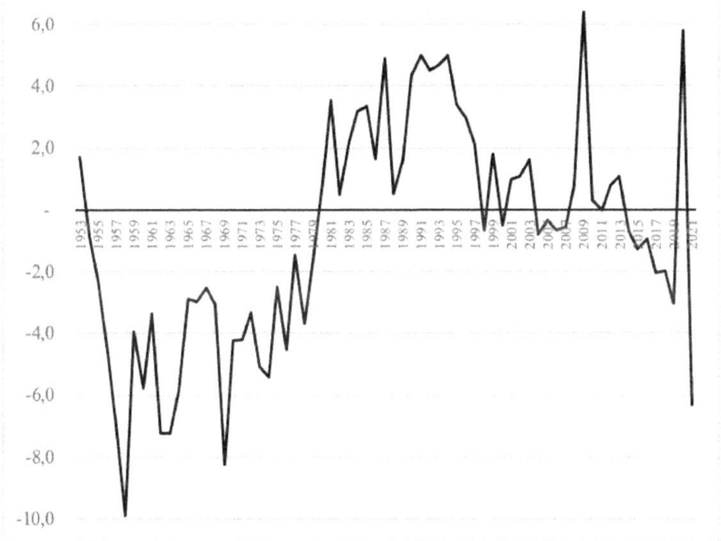

Source: Paul Schmelzing. 2020. *Eight centuries of global real interest rates, R-G, and the 'suprasecular' decline, 1311–2018* pour les taux d'intérêt et l'inflation, OCDE et Madisson pour la croissance, calculs et mise à jour 2008-2021 par l'auteur.

Les politiques monétaristes, mises en œuvre à partir de 1980 sont inspirées par les théories quantitatives de la monnaie. Elles visent à contrôler la quantité de monnaie en circulation pour casser l'inflation en réduisant l'offre de crédit. Elles imposent aux entreprises et aux banques privées des taux de refinancement auprès de la banque centrale nettement supérieurs à l'inflation : les taux réels dépassent 3% de 1981 à 1996. C'est l'époque où les banques centrales surveillent l'évolution des masses monétaires en circulation calculées selon des critères plus ou moins larges, connus sous les termes de M1, M2, M3 ou autres.

Finalement en 1996 les taux nominaux sont retombés à 5%, l'inflation recule à 4% et les taux réels ne sont plus positifs qu'à hauteur de 1%. À partir de cette date et pour une période de 25 ans, c'est une période de décrue assez régulière de l'inflation, des taux nominaux et des taux réels qui convergent tous vers zéro. La croissance réelle demeure positive aux alentours de 1,5%, tandis que le coût de la dette décroit en 2021 à 1,4% du PIB (1% pour la France et 0,3% pour l'Allemagne).

À partir de 2008 les États pour financer des dépenses exceptionnelles émettent de plus en plus de dettes et c'est la banque centrale qui, ne pouvant descendre ses taux nominaux au-dessous de zéro, en prend en pension une large part (c'est le fameux *quantitative easing*) évitant que l'excès de liquidité émis ne se traduise par de l'inflation. À l'époque certains parlent d'argent magique, il n'y a plus de limites à l'endettement et il serait alors possible pourquoi pas d'annuler la dette (j'y reviendrai). Mais les actifs émis en masse sont-ils sûrs ?

La question des actifs sûrs[144]

L'acquisition du statut d'actif sûr s'acquiert au fil du temps on l'a vu en particulier dans les cas de la dette des Provinces Unies dès le XVIIe siècle, de l'Angleterre au XVIIIe, et de la France au XIXe . Dans ce cas la prime de risque est nulle ou faible ce qui est un gain majeur pour le pays en question[145], par ailleurs ce sont des titres liquides, faciles à revendre si besoin est. Ce statut donne un avantage financier important au pays qui en bénéficie, mais il peut se

[144] Xavier Ragot. 2022. *Dette optimale et dette soutenable*. In n° 146, Revue d'Economie Financière, *La soutenabilité des dettes publiques*. Pages 185-197.

[145] On l'a vu précédemment le taux d'intérêt neutre doit être égal au taux de croissance réel r=g.

perdre comme on l'a vu pour l'Allemagne et le Japon après leur défaite.

Depuis quarante ans les dettes publiques de la France ont augmenté de 40% ce qui aurait dû faire monter les taux d'intérêt réels de 1,5% (Ragot 2022) alors qu'ils ont baissé de 3%. La raison en est que la dette publique de la France est considérée par les souscripteurs comme un actif sûr. Et que la demande d'actifs sûrs est plus importante que l'offre, des lors les rendements attendus baissent. Pourquoi la demande de ses actifs sûrs continue-t-elle de s'accroître ? Cela résulte de deux facteurs, d'une part des facteurs institutionnels tels que les réglementations qui obligent les banques à détenir des ratios de liquidités élevés, les assurances de même avec Solvabilité II doivent détenir des quantités importantes d'obligations souveraines, d'autre part les incitations fiscales qui poussent les ménages à souscrire des assurances-vie en masse (ce qui est une caractéristique française), etc. Pour des raisons similaires les autres pays développés qui se sont aussi endettés ont eux aussi bénéficié de conditions d'endettement aussi favorables.

De nos jours les actifs sûrs reconnus comme tels sont notamment les titres de dettes souveraines en premier lieu les Treasury Bonds (qui sont des obligations à échéance de vingt ou trente ans) des États-Unis, mais aussi ceux de l'Allemagne et de la France entre autres.

D'une manière générale les pays émergents n'en bénéficient pas. Ils doivent souvent s'endetter dans une monnaie étrangère forte, principalement le dollar ou l'Euro, ce qui fragilise leur monnaie en cas de crise économique, provoquant une montée de leurs taux d'intérêt et parfois une dévaluation qui alourdit encore le poids de leur dette et les conduit au défaut. C'est pourquoi d'une manière générale les pays émergents sont beaucoup moins endettés que les pays développés.

Qui détient les dettes émises?

Dans le cas des pays membres de la zone euro, c'est une dette en quasi-totalité souscrite en euros, ce qui élimine tout risque de change. Dans le cas de la France elle est détenue à quasi-égalité entre les résidents 51% et les non-résidents 49%. Du coté des résidents français il s'agit pour 18% de la Banque de France, pour 13.8% des compagnies d'assurances, pour 6.8% des banques, pour 1.4% des OPCVM, 10% pour le reste. Parmi les non-résidents la BCE en détient 18%, le reste est détenu principalement par le FMI, la Banque mondiale et d'autres organismes publics internationaux.

Le bilan des achats par les 19 banques centrales européennes[146] des titres émis au cours de la première phase de la pandémie représente 63,1% des émissions privées et 59,2% des émissions publiques. Les investisseurs hors zone euro n'ont acheté que 10,4% des titres privés et publics émis au cours de la même période. Le reste a été acquis par les banques et assurances de la zone euro.

Dans le total des titres financiers en circulation, et en élargissant la catégorie des actifs sûr aux titres émis par les entreprises qui bénéficient de la note AAA et AA émises par les agences de notation du risque financier, on évalue la part de ces actifs à 37% du PIB pour l'Europe, et à 89% du PIB américain. Le faible niveau européen s'explique par le fait que la dette européenne est composée en très large part de titres nationaux dont la qualité est inégale. Pour renforcer la position de la zone euro il faudrait émettre des titres européens (des eurobonds) bénéficiant d'une garantie européenne. C'est une solution complexe mais qui a déjà été mise en pratique lors de la crise covid[147] :

---

[146] Olivier Sirello. 2020. *Qui a acheté les dettes en zone euro depuis le début de la crise sanitaire ?* Billet n°188, Bloc-notes Eco, Banque de France.

[147] Jean-Baptiste Gossé et Anass Mourjane. 2021. *Actif sûr européen : nouvelles perspectives* Bulletin de la Banque de France 234/6.

La forte présence des investisseurs institutionnels qui n'ont pas d'objectif spéculatifs et doivent au contraire contribuer à soutenir la stabilité financière en cas de besoin (cf. chapitre l'exemple de la Caisse des dépôts en France) est une garantie pour les pays endettés. De plus on a vu que la BCE a tiré les leçons des crises passées et s'est doté des moyens nécessaires pour maintenir la cohésion de la zone en soutenant les pays membres les plus vulnérables. En d'autres termes les risques spéculatifs sont réduits.

La monétisation de la dette publique

Une dette publique est monétisée quand elle est achetée par la Banque centrale, qui fournit ainsi à l'État les moyens de contrer les effets des crises exceptionnelles en créant de la monnaie. Il faut comprendre que cette opération ne change ni l'épargne, ni la richesse. Elle remplace seulement, dans la richesse des agents économiques privés (ménages, entreprises, intermédiaires financiers), la dette publique par la monnaie. Cette politique pourrait être efficace si la détention de monnaie conduisait à des comportements de consommation différents de ceux qui résulteraient de l'émission d'obligations. Détenir davantage de monnaie peut pousser les ménages à consommer davantage, et les banques à distribuer davantage de crédit et faciliter l'investissement et donc relancer la croissance ou éviter une récession. C'est la condition de l'efficacité des politiques de *quantitative easing* des banques centrales.

Pour les partisans de la Théorie Monétaire Moderne (Modern Monetary Theory, MMT) la monétisation des dettes publiques permet d'éviter l'éviction de la dépense privée. Selon cette théorie l'État ramène l'économie au plein emploi par la hausse des dépenses publiques et donc par la dette, la banque centrale monétise les dettes publiques correspondantes pour éviter la hausse des taux d'intérêt à long terme (qui serait nécessaire pour inciter les banques et les épargnants à les souscrire) qui réduirait l'investissement des entreprises et la dépense des ménages. Il est clair que les pays de l'OCDE, dans la crise du coronavirus, ont adopté, sans le dire, la Théorie Monétaire Moderne: déficit public massif, achat par la banque centrale contre création monétaire des obligations émises par les États.

D'après Patrick Artus. 2021. *Une mauvaise compréhension assez générale de quelques mécanismes budgétaires ou monétaires importants*. https://www.melchior.fr/

Une conséquence des taux faibles : l'irrésistible montée à long terme de l'endettement privé

La crise des *subprimes* est une crise de l'abondance d'épargne, de la dérégulation des systèmes financiers et de la mondialisation des chaînes de valeur qui conduisent à une configuration nouvelle de l'économie mondiale : baisse des prix à la consommation, boom des échanges internationaux, dépendance accrue vis-à-vis de l'étranger. Et montée de l'endettement privé qui se cumule à l'endettement public (graphique 12).

L'endettement des entreprises s'accroît alors que l'investissement baisse, cela peut résulter de trois facteurs :

- la crise a contraint les entreprises à s'endetter malgré les aides publiques pour faire face à des dépenses fixes incompressibles alors que la production était réduite,
- la concentration du capital et l'utilisation de l'effet de levier[148] pousse les acquisitions d'entreprises à des niveaux records au niveau national,

[148] L'effet de levier c'est le recours à l'endettement par lequel l'entreprise cherche à accroître la rentabilité de ses capitaux propres. Cela est possible lorsque le coût de l'endettement est inférieur à l'augmentation des bénéfices attendus grâce à l'usage des fonds empruntés. Bénéfices qui peuvent résulter de l'acquisition d'une entreprise pour accroître son pouvoir de marché, pour l'acquisition d'une technologie ou d'un savoir-faire qui lui manque et de la pure spéculation etc.

• cette tendance se renforce avec la mondialisation accélérée qui pousse les entreprises à s'endetter pour acquérir la taille critique à l'échelle mondiale.

L'abondance d'épargne caractéristique de la stagnation séculaire se traduit aussi par une inflation des prix des actifs notamment immobiliers et financiers qui favorise au premier chef les détenteurs de patrimoine et tend à en exclure les plus modestes qui en sont en partie dépourvus. Dans le dernier quart de siècle le rapport de la part des patrimoines détenus par les 10% les plus riches par rapport celle des 50% les plus modestes est passée de sept à neuf fois (cf. le World Inequality Report de 2022).

Graphique 12 Dettes globales (publiques et privées) 1995-2020 (en% du PIB)

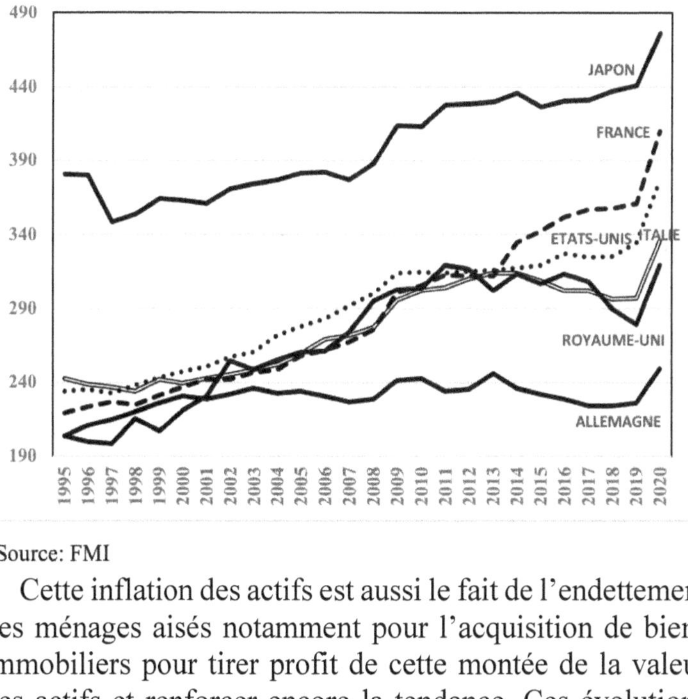

Source: FMI

Cette inflation des actifs est aussi le fait de l'endettement des ménages aisés notamment pour l'acquisition de biens immobiliers pour tirer profit de cette montée de la valeur des actifs et renforcer encore la tendance. Ces évolutions des prix de l'immobilier accentuent encore les inégalités : les ménages modestes et les jeunes ont de plus en plus de difficultés à accéder à la propriété. Mais pour les plus riches des plus riches ce sont les investissements en actifs financiers qui sont le moteur de leur enrichissement. La montée des prix des actifs est très rapide entre 1999 et 2008, recule ou stagne de 2008 à 2018, puis progresse à nouveau vivement en 2019-2022[149]. C'est le caractère artificiel , ou malgré les crises majeures de cette où les patrimoines des pays riches se sont accrus beaucoup plus rapidement que la croissance des richesses réelles produites. Un autre effet apparaît clairement c'est le creusement des inégalités : la forte croissance des actifs immobiliers et financiers, détenus par les plus riches, contraste avec la faible croissance des revenus des salariés et des retraités qui au mieux suivent celle du PIB.

3. Prospectives du FMI, de l'OCDE et de l'UE pour la période 2022-2027 publiés à l'automne 2022.

Des scénarios relativement optimistes

Les perspectives macroéconomiques de l'automne 2021, précédant l'agression russe, étaient optimistes. Dans le cas du G7, à un horizon de cinq ans, le FMI prévoyait en avril 2022 des taux d'intérêt réels proches de zéro, une croissance réelle de 1.5%, une inflation inférieure à 2%, et un solde primaire proche de l'équilibre. Le poids de la dette pourrait ainsi diminuer très progressivement sans imposer de programme fort d'austérité.

[149] Irène Karmous et Alin Ravary. 2022. *le patrimoine économique national en 2021- La croissance du patrimoine des ménages s'accentue grâce aux prix du foncier.* Insee Première n° 1925.

Ces perspectives se sont progressivement assombries et les facteurs négatifs se sont accumulés. Tout d'abord la pandémie n'est pas complétement stoppée, « on doit vivre avec », d'autres pandémies peuvent advenir. De plus le dérèglement climatique impose des mesures urgentes de grande ampleur, l'argument principal étant que le coût de l'inaction est supérieur aux coûts de la lutte contre les effets du réchauffement. Mais la rentabilité de ces investissements est faible à court moyen terme. Ce qui appelle en conséquence un engagement fort des États alors que leurs moyens sont limités par un fort endettement.

Enfin il y a le risque d'éclatement de bulles spéculatives qui peuvent être dévastatrices (crise des *surprimes* et crise de 1929). Cependant dans les pays développés les travaux de l'International Center For Monetary And Banking Studies (ICMB) et du Centre for Economic Policy Research (CEPR) pour le Forum de Davos de 2022, après une revue détaillée de la situation mondiale, parviennent à un résultat relativement optimiste en dépit d'un titre inquiétant[150]. Selon ces auteurs, les leçons de la crise de 2008 ont été tirées en imposant aux banques de limiter leurs crédits en respectant des plafonds de leurs ratios de dettes sur fonds propres d'une part et d'autre part de se soumettre à des stress tests censés vérifier la résilience de ces banques face à des crises financières, évitant ainsi de plonger à nouveau l'économie mondiale dans une nouvelle crise systémique.

---

[150] Laurence Boone, Joachim Fels, Òscar Jordà, Moritz Schularick and Alan M. Taylor. 2021. *Debt: The Eye of the Storm.* Geneva Reports on the World Economy n°24

Solidarité financière en Europe

Par ailleurs l'Europe a elle aussi tiré des leçons de la crise grecque[151]. De fait le changement de la politique monétaire de la BCE en juillet 2022 pour lutter contre l'inflation, l'a conduit à monter ces taux d'intérêt directeurs[152], et à mettre un terme à sa politique de *quantitative easing*. Ce changement de politique conduit à durcir les conditions de financement des États de la zone euro et à accroître les *spreads* sur les obligations souveraines. Ce qui a eu pour effet de tendre à nouveau les taux des pays les plus fragiles. De fait les conditions se sont particulièrement dégradées pour certains pays les plus endettés, l'Italie, l'Espagne et la Grèce notamment (pour l'Italie l'écart est passé de 100 points de base début 2021 à 250 points de base en juillet 2022). C'est pourquoi la BCE a élaboré un nouveau dispositif : le « *Transmission Protection Instrument* (TPI) ». Cet instrument permettra, sous conditions, ce qui peut en limiter l'usage, à la BCE d'acheter des titres financiers, notamment des obligations publiques et privées, émis dans les pays connaissant une détérioration de leurs conditions de financement. Ce dispositif cible les pays fragiles et devrait dissuader la spéculation internationale de discriminer ces pays.[153]

Autre manifestation de la solidarité européenne : le 15 juin 2021 c'est un jour historique pour l'Union européenne.

---

[151] La crise des paiements grecques est une conséquence de la crise financière de 2008 et de l'incomplétude financière et budgétaire de la zone euro : souveraineté des Etats et absence d'obligation européennes.

[152] La difficulté de mesurer la masse monétaire s'accroissant du fait de la complexité des systèmes financiers, notamment l'apparition du shadow banking, conduira les banques centrales au début du XXIe siècle à adopter des critères plus simples en choisissant une cible d'inflation, le plus souvent inférieure à 2 % pour guider leur politique de taux.

[153] Maëlle Quillévéré. 2022. Décryptage du nouvel instrument de protection de la transmission de la BCE. BSI Economics ; Agence Europe. 2022. Un nouvel outil 'anti-fragmentation' pour éviter toute nouvelle crise de la dette dans la zone euro. Bulletin Quotidien Europe N° 12998.

La commission a adopté un plan de relance européen ‘pour « construire une économie européenne plus soutenable, digitale et résiliente » selon les termes du communiqué de présentation, et pour cela empruntera 100 à 150 milliards par an jusqu'en 2026, soit un total de 800 milliards d'euros. C'est une dette européenne multilatérale de grande ampleur. C'est saut qualitatif et institutionnel majeur qui accroît la crédibilité des dettes publiques des États membres.

Si la situation des pays développés peut paraître sous contrôle, il n'en va pas de même des pays en développement importateurs d'énergie et de matières premières qui risquent de plus en plus de faire défaut sur leurs dettes.

Le choc de l'agression russe contre l'Ukraine[154]

L'agression russe nous ramène au temps où les conflits entre les États européens se réglaient par la guerre. Même si cette guerre se limite dans un premier temps au territoire ukrainien, elle marque le retour au premier plan des rapports de force au détriment de la diplomatie et de la recherche des compromis. Inévitablement une telle situation implique une relance de la course aux armements et à la recherche de l'autonomie des industries dites stratégiques en opposition frontale à l'époque de la « mondialisation heureuse ». La puissance réelle de la Russie étant limitée sur le plan économique et militaire ne devrait pas lui permettre d'imposer sa vision du monde mais la menace nucléaire devrait lui permettre de ne pas céder sur l'Ukraine, conduisant

---

[154] Rüdiger Bachmann, David Baqaee, Christian Bayer, Moritz Kuhn, Andreas Löschel, Benjamin Moll, Andreas Peichl, Karen Pittel, Moritz Schularick. 2022. *What if? The economic effects for Germany of a stop of energy imports from Russia.* ECONtribute Policy Brief n° 028.
The leading German economic research institutes. Spring 2022. *Joint Economic Forecast: From Pandemic to Energy Crisis: Economy and Politics under Permanent Stress.*
H.M.Tresory. February 2022. *Forecasts for the UK economy: a comparison of independent forecasts. N°*415. Compiled by the Macroeconomic Co-ordination & Strategy Team.

à une situation durable de fortes tensions sur le continent européen et sur l'économie mondiale. Les scénarios que nous esquissons pour les grands pays développés sont fondés sur cette hypothèse de rupture économique plus ou moins complète des relations entre l'Occident et la Russie. Pour l'instant l'extension des mesures de sanctions à la Chine n'a pas fait l'objet de simulations, car celle-ci tente de se maintenir à l'écart du conflit sur le plan militaire, tout en conservant son alliance privilégiée avec la Russie. Les hypothèses de croissance sont proches de celles qui ont été publiées par le FMI en octobre 2022 (tableau 20).

Les perspectives de croissance

Avant 2008, la croissance moyenne des pays du G7 était de 2%, elle avait chuté à 0,6% entre 2008 et 2021 et au mieux elle ne remonterait qu'à 1,1% entre 2022 et 2027. Les années 2023 et 2024 risquent d'être des années de quasi-récession en Allemagne et en Italie (comme pour les pays d'Europe centrale) du fait de leur forte dépendance au gaz russe. Quant aux États-Unis leur forte croissance et les tensions sur l'emploi avaient déjà provoqué une montée de l'inflation dès 2021 qui ont amené la Fed à prendre les devants en montant sensiblement ses taux.

L'hypothèse de l'apparition d'une spirale inflationniste durable a été exclue, c'est-à-dire une situation du type de celle qui avait suivi les chocs pétroliers de 1973 et 1979. L'une des raisons pour laquelle ce scénario n'est pas retenu tient au niveau élevé des profits des grandes entreprises au moment de ce retour de l'inflation et à l'absence d'indexation automatique des salaires, ce qui n'était pas le cas après les chocs pétroliers des années soixante-dix qui avaient provoqué des rythmes de hausse des prix supérieures à 10% entre 1973 et 1981.

L'impact majeur de l'agression russe c'est la montée des prix des matières premières minérales et alimentaires, la hausse des prix du transport international et la rupture partielle des approvisionnements russes en énergie gazière. En moyenne, selon le FMI déjà cité, l'inflation serait deux fois plus élevée entre 2022 et 2027, elle atteindrait 3,7% par an contre 1,4% entre 2008 et 2021. Cependant le choc sur les prix serait surtout sensible en 2022 et 2023 et irait ensuite en s'atténuant, le pic d'inflation serait dépassé fin 2022, et le mouvement de hausse des taux par les banques centrales s'arrêterait à la mi-2023.

Les taux d'intérêt nominaux ne compenseraient qu'en partie cette hausse de l'inflation (sauf dans le cas des États-Unis qui étaient en état de surchauffe dès 2020) ce qui se traduirait par le maintien de taux d'intérêt réels encore légèrement négatifs allégeant le coût de la dette.

Tableau 20 Evolution prospective des dettes de 2022 à 2027 (en moyenne annuelle et % du PIB)

2022-2027	Variation de la dette	Solde primaire	Intérêt réel	Croissance réelle	r-g	Inflation
France	1,1	- 5,1	- 0,3	1,4	- 1,7	3,0
Allemagne	-1,9	- 1,8	- 2,6	0,7	- 3,3	4,7
Italie	- 0,8	- 3,7	- 0,2	0,8	- 1,0	4,2
Japon	- 0,1	- 0,2	- 0,8	1,0	- 1,8	1,3
Royaume-Uni	-2,7	- 2,1	- 0,3	1,5	- 1,8	5,8
États-Unis	2,1	- 6,0	0,5	1,6	- 1,0	3,4

Source: FMI WEO octobre 2022

L'accroissement de dépenses publiques paraît inévitable en France et aux États-Unis: en France en raison de la politique de subvention visant à limiter la hausse des prix de l'énergie pour le consommateur, et aux États-Unis du fait de l'adoption d'un plan de réindustrialisation ambitieux (Inflation Reduction Act de 360 milliards de dollars) et de leur soutien militaire à l'Ukraine. Pour le moment les autres pays devraient réduire leurs dépenses.

C'est un scénario relativement optimiste. On a déjà remarqué, lors des crises précédentes, que les organismes de prévision tardent à mesurer l'importance des retournements de la conjoncture ; de fait les modèles utilisés sont aptes à prendre en compte les trends du passé mais ont du mal à simuler les ruptures de tendance.

4. Les risques de sous-estimation des tensions

La hausse brutale des prix des produits énergétiques et alimentaires importés entraîne une forte hausse des prix domestiques (coûts croissants des intrants), qui à son tour provoque un ajustement des salaires ; une baisse des profits des entreprises pourrait entraîner la multiplication des faillites des entreprises les plus fragiles (entreprises zombies qui ont survécus grâce aux aides « COVID ») et la réduction des investissements et de la croissance des entreprises survivantes, avec montée du chômage etc. L'enchaînement des hausses pourrait être encore aggravé par des tensions géopolitiques : non seulement par l'arrêt complet des exportations de gaz russe vers l'Europe[155], mais aussi par les tensions[156] entre la Chine et les États-Unis autour de la question de Taiwan. Cela modifierait les perspectives de croissance et d'inflation des agents économiques, ce qui

---

[155] Les propositions de la Commission permettront de réduire la dépendance de l'UE au gaz russe de deux tiers avant la fin de l'année, et de 100% à compter de 2027.

[156] Face au défi technologique chinois révélé ces dernières années par le programme « Made in China 2025 », les Etats-Unis renforcent la protection de l'industrie américaine par exemple en excluant certaines entreprises chinoises de l'accès aux technologies les plus avancées pouvant avoir des applications militaires, sans compter le programme IRA déjà mentionné.

conduirait à imposer des taux d'intérêt plus élevés[157] ; le coût des dettes s'accroîtrait, les risques de faillite des plus endettés s'aggraveraient etc. La récession s'imposerait, une nouvelle décennie perdue serait possible. Une des conséquences majeures de ces évolutions serait l'aggravation des inégalités sociales qui s'étaient déjà fortement accrues depuis 20 ans.

Selon des prévisions optimistes de la Commission européenne et du FMI (World Economic Outlook de l'automne 2022), par exemple, les programmes publics de lutte contre le dérèglement climatique auraient un effet d'entraînement important sur la croissance et l'investissement, ce qui résorberait le surplus potentiel d'épargne. La Commission européenne estime à 8% par an les investissements supplémentaires nécessaires pour parvenir à réduire la consommation d'énergie de 40%, pour accroître la part des énergies renouvelables à 27%, et pour réduire les émissions de gaz à effet de serre d'au moins 40%. Cependant ces rapports ne tiennent pas compte des effets négatifs de la transition : la mise au rebut accélérée des équipements qui ne sont pas amortis et qui ne sont plus performants aura un coût . Par ailleurs le développement des nouveaux équipements prendra du temps (cas de la construction des nouvelles centrales nucléaires : en France le premier coup de poche aurait lieu en 2027 pour une mise en service en 2035). Au total la croissance pourrait être réduite et l'inflation plus élevée[158]. Les dépenses publiques ne sauraient baisser à court moyen terme dans ces conditions. Les gains évidents ne l'emportant qu'à long terme.

---

[157] Thomas Grejbine. 2022. *Le retour de l'inflation et des dilemmes macroéconomiques qui vont avec.* Pages 39-53 *L'économie mondiale 2023.* Editions La Découverte.

[158] Jean Pisani et Selma Mahfouz. 2022. *L'action climatique : un enjeu macroéconomique.* France stratégie note d'analyse.

La frugalité et de nouvelles ressources fiscales seront nécessaires

Pour atteindre cet objectif il faut à la fois adopter un mode de vie plus frugal et trouver de nouvelles sources de financement. La frugalité s'impose déjà aux plus pauvres, il faut donc envisager le moyen d'assurer le maintien ou l'amélioration de leur niveau de vie, ce qui implique une politique de redistribution ambitieuse. De nouvelles ressources fiscales sont à rechercher d'abord du côté des patrimoines non productifs des plus riches pour rendre acceptable la stagnation ou le recul des niveaux de vie des classes moyennes.

D'un côté il est sans doute nécessaire de réévaluer les aides multiples qui sont versées aux ménages mais qui ne sont pas suffisamment ciblées sur les plus pauvres. L'établissement d'un revenu universel remplaçant la multiplicité des programmes d'aides sociales dont on ne contrôle ni l'efficacité ni la bonne distribution serait une voie à suivre; sans que cela implique de nouvelles dépenses. On peut alternativement mettre en place un système d'impôt négatif (allocation à tout citoyen d'une somme fixe, un « impôt négatif », couplé à « impôt positif progressif » à partir d'un certain niveau de revenu).

D'un autre coté on a besoin de nouvelles ressources. Nous sommes dans une situation paradoxale : le patrimoine des pays développés s'est accru de manière considérable depuis les années 1995. J'ai fait la mise à jour des données rassemblées par Piketty sur la France et les Etats-Unis et repris l'étude de McKinsey pour les autres pays qui montre que le phénomène est général.

Patrimoines et inégalités en hausse

Un des facteurs majeurs de la progression de la richesse des nations depuis 1995 c'est la hausse de la valeur des actifs immobiliers et financiers. Cette hausse est-elle le résultat de la spéculation ou de la croissance réelle? La comparaison des courbes américaines et françaises montre que la crise des *subprimes*, crise du secteur immobilier et bancaire, a eu des effets puissants dans le cas des États-Unis et plus modérées dans le cas de la France et de l'Europe.

Les travaux de Piketty[159] ont montré que sur deux siècles (1810-2010) le ratio de la valeur des patrimoines rapportée au PIB, hors guerres mondiales, était d'environ quatre fois la valeur du PIB. Ce ratio paraissait stable. Les guerres mondiales détruisant de moitié ce ratio dans les grands pays européens qui ne retrouveraient leur niveau d'avant-guerre que dans les années soixante-dix.

Depuis la fin du XXème siècle on assiste à une progression étonnante du ratio rapportant la valeur des patrimoines au PIB. Ce ratio augmente de 50% entre 2000 et 2020 en moyenne pour les dix pays de l'étude de McKinsey[160]. La valeur nette du patrimoine est de plus de six fois la valeur du PIB comparée à la moyenne de quatre de la tendance séculaire évaluée par Piketty[161]. Cette progression est une moyenne des progressions qui vont de la France qui domine le panel avec une progression de 90% de sa valeur nette. À l'opposé on trouve les États-Unis dont la progression est la plus lente du panel : ce qui est en grande partie dû à la crise dite des subprimes de 2008-2009[162]. Le profil des Etats-

---

[159] Piketty 2013 op.cit.

[160] Jonathan Woetzel et autres. 2021. *The rise and rise of the global balance sheet, how productively are we using our wealth?* McKinsey Global Institute, Novembre.

[161] Thomas Piketty.2013. *Le Capital au XXIe siècle*. Le Seuil, coll. « Les Livres du nouveau monde », 976 pages.

[162] Les ménages américains (mais aussi anglais) sont incités à s'endettement pour acquérir leur logement : se fondant sur la tendance à la hausse des prix de l'immobilier les préteurs estiment que le poids de la dette ira diminuant dans le temps, mais l'excès des crédits aux ménages combinés à la remontée des taux d'intérêt provoque la crise financière la pire que le monde ait connu depuis celle

Unis montrait une grande stabilité de son ratio patrimoine sur PIB autour de 4,2 entre 1951 à 1994, puis celui-ci monte à 5,8 fois le PIB entre 1997 et juillet 2007, puis chute à la suite de la crise des *subprimes* à 4,5 fois en octobre 2011, pour revenir au niveau précédent en avril 2020 et grimper ensuite à plus de 6,6 fois en juillet 2021 (graphique 13).

Graphique 13 Etats-Unis valeur nette des secteurs non financiers 1951-2021 (en% du PIB)

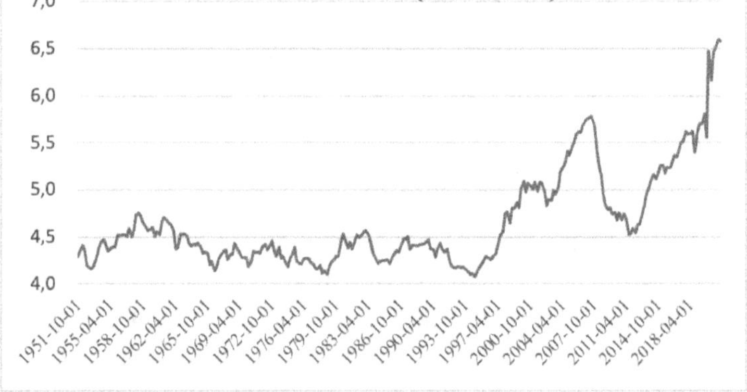

Source: Federal Reserve Economic Data (FRED)

Selon l'étude McKinsey la progression de la valeur nette à partir du milieu des années 90 est due à la vive progression de la valeur des actifs immobiliers et financiers au-delà de l'inflation des prix à la consommation. Ainsi les propriétaires de patrimoines ont-ils tirés un profit considérable de cette flambée des prix des actifs. Celle-ci est-elle durable ? On a vu que lors de la crise de 2008 une perte de valeur de 20% du patrimoine américain était possible, mais il semble que depuis les mesures prises pour renforcer les fonds

de 1929. Une des conséquences majeures de ces évolutions est la très forte croissance des patrimoines privés, comparée à la croissance réelle des économies, grâce notamment à l'envolée des prix de l'immobilier et des plus-values financières.

propres des banques et des assurances et lutter contre la diffusion de produits financiers toxiques aient réduit les risques strictement financiers.

En France l'accélération de la progression de la richesse nationale nette se produit en 1998 (cf. graphique 14), année de l'adoption de la monnaie unique et des réformes financières qui l'accompagnent. La France connait une progression historique passant d'un peu moins de quatre fois en moyenne la valeur du PIB entre 1969 et 1998 à près de huit fois celle du PIB en 2020. La crise de 2007-2008 est moins forte qu'aux Etats-Unis, elle stoppe cependant la hausse qui reprend en 2016 jusqu'en 2019. Depuis cette date la progression du ratio s'est envolée pour dépasser de plus de 9 fois le PIB[163].

Graphique 14 France richesse nationale nette 1950-2020 (en % du PIB)

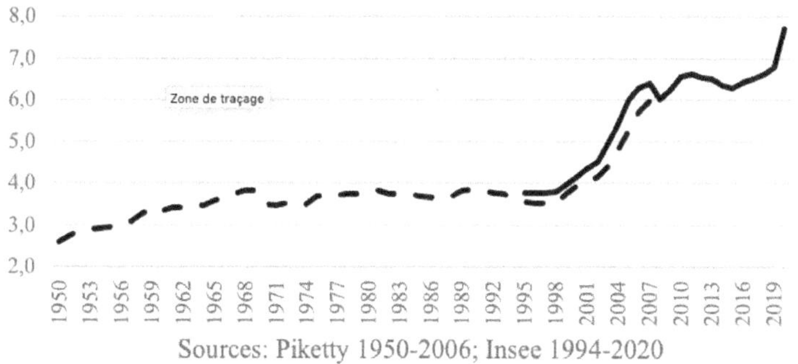

Sources: Piketty 1950-2006; Insee 1994-2020

Une des conséquences de cette croissance exceptionnelle des patrimoines c'est l'aggravation exceptionnelle elle aussi des inégalités sociales que ce soit en termes de revenus (qui incluent les profits générés par les divers placements) ou en termes de capital). Ainsi entre 1995 et 2021 les 50% de la population la plus modeste n'ont capté que

[163] Irène Karmous et Alain Ravary. 2022. *le patrimoine économique national en 2021- La croissance du patrimoine des ménages s'accentue grâce aux prix du foncier.* Insee Première n° 1925.

2% de la croissance globale des patrimoines tandis que le top des 1% en a capté 38%[164]. Mécaniquement cette forme d'économie génère toujours plus d'inégalité si l'on ne tente pas d'y remédier.

5. Conclusion : la frugalité peut être supportable si elle est équitablement répartie

La question de la dette publique est fondamentalement une question fiscale : c'est un crédit gagé sur des recettes fiscales à venir. Comme tout investissement c'est un pari sur l'avenir. Le problème c'est que les riches n'aiment pas payer d'impôts et qu'ils sont proches du pouvoir. Cela a été vrai de tout temps, à l'époque des Cités grecques, en cas de péril extrême, les gouvernants forçaient les plus riches à financer l'effort de guerre sous peine d'exclusion de la Cité. On a remplacé au XIIIe siècle l'impôt forcé par la dette dite perpétuelle –car elle pouvait n'être jamais remboursée sauf décision contraire de l'État- contre le paiement d'une rente elle aussi perpétuelle. Ainsi les plus riches bénéficiaient d'une source de revenu stable (plus ou moins) dont le paiement était gagé sur les recettes de taxes qui étaient dédiées au paiement des rentes. Longtemps ces rentes sont restées libres de toutes taxes.

Plus que jamais les grandes fortunes et les grandes entreprises s'efforcent de nos jours d'échapper à l'impôt soit légalement en pratiquant l'optimisation fiscale soit par la fraude par l'évasion vers les paradis fiscaux. Avec la mondialisation financière ces pratiques se sont amplifiées contribuant à sous-estimer les écarts de fortune. Et pour couronner le tout les États eux-mêmes se sont engagés dans

---

[164] Lucas Chancel, Thomas Piketty, Emmanuel Saez, Gabriel Zucman. 2022. Rapport sur les inégalités mondiales 2022. World Inequality Lab.

la voie de la réduction de leur fiscalité pour réduire les sorties de capitaux ou pour les attirer.

Cette tendance à l'accroissement des inégalités a été qualifiée par Piketty de « capitalisme patrimonial » : les détenteurs par héritage de fortunes immobilières et/ou financières bénéficient d'un accroissement de la valeur de leur patrimoine nettement plus élevé que la croissance du revenu national, aggravant mécaniquement les inégalités sociales. Cette tendance que l'auteur appelle deuxième loi fondamentale du capitalisme a cependant connu une période d'exception entre les années trente aux États-Unis et l'après-guerre en Europe et les chocs pétroliers, périodes au cours desquelles les inégalités nationales ont eu tendance à régresser. La forte croissance, le développement des politiques sociales et la concurrence d'un camp socialiste puissant ont permis de connaître une période de partage équitable des revenus et de réduction des inégalités. Depuis la libéralisation financière, généralisée en Europe avec la création de la monnaie européenne, et l'échec économique du camp socialiste les inégalités n'ont cessé à nouveau de progresser.

L'accélération du phénomène à partir du milieu des années quatre-vingt-dix va conduire, devant l'évidence, les organismes internationaux, FMI et OCDE en tête, à mettre l'accent petit à petit sur la nécessité d'une « croissance inclusive », concept qui a fait son apparition à la fin des années 2000. De nombreuses propositions ont été faites pour améliorer les politiques publiques en intégrant de nouveaux indicateurs multidimensionnels pour évaluer et améliorer de ce point de vue les politiques publiques. Cela est indispensable mais laisse de côté le problème central de la fiscalité.

Un progrès a été fait en ce sens le 8 octobre 2021 dans le cadre de l'OCDE : 136 pays se sont accordés sur le lancement d'un impôt mondial sur les entreprises multinationales fixé au taux de 15%, il devrait entrer en vigueur en 2024, mais de nombreux « détails techniques » restent à résoudre notamment sur les modalités de perception de cet impôt et sur le partage entre Etats du produit de cette taxe, qui pourrait atteindre 150 milliards de dollars. Une autre étude réalisée par le World Inequality Lab nous dit que le rendement estimé d'un impôt annuel mondial progressif équivalent à 1% de la richesse mondiale par le World Inequality Lab serait de 1.6% du revenu mondial.

Dernière remarque : jusqu'ici nous avons rapporté un stock -la dette publique cumulée- à un flux le PIB ou richesse nationale produits sur une année, il serait plus juste de rapporter la dette à la richesse nationale. Dans le cas de la France au lieu d'ânonner que chaque enfant nait avec une dette de 30 000 euros, il serait plus exact de dire qu'en 2021 la dette par citoyen atteint en France 4 300 euros et que le patrimoine net (de la dette) moyen par habitant est de 28 218 euros. La dette représente 15.5% de la richesse nationale. Le vrai problème ici c'est la répartition inégale de la richesse qui fait que les 10% les plus riches ont en 2018 un patrimoine net de 549 000 euros et les 10% les plus modestes 2 600 euros[165].

On sait depuis la plus haute antiquité que les riches ne contribuent pas équitablement à la défense des intérêts collectifs.

[165] Insee. 2019. *Distribution du patrimoine données 2018.* Enquête Histoire de vie et Patrimoine, Insee.

Bibliographie

S. M. Ali Abbas, Nazim Belhocine, Asmaa El-Ganainy, et Mark Hortonn. 2011. *Historical Patterns and Dynamics of Public Debt-Evidence from a New Database*. IMF Economic Review, Vol. 59, n°4.

Alya Aglan, Michel Margairaz et Philippe Verheyde (sous la Dir de). 2011. *Crises financières, crises politiques en Europe dans le second XIXe siècle*. Librairie Droz.

Michel Aglietta, Pepita Ould Ahmed, et Jean-François Ponsot. 2016. *La monnaie entre dettes et souveraineté*. Odile Jacob.

Pedro Arbulu. 1998. *La bourse de Paris au XIXe siècle : l'exemple d'un marché émergent devenu efficient*. Revue d'Économie Financière n°49(5) pages 213-249.

Axelle Arquié. 2021. *La stagnation séculaire : inéluctable, évitable ou... acceptable*. Chapitre IV de *L'économie mondiale 2022*. Editions la Découverte.

Patrick Artus. 2021. *Une mauvaise compréhension assez générale de quelques mécanismes budgétaires ou monétaires importants*. https://www.melchior.fr/.

Christian Aubin. 1991. *Les assignats sous la Révolution française : un exemple d'hyperinflation*. Revue économique n°42-4 pp. 745-762.

Stefano Bartolini. 1996. *Equality and turnout in the European democratisation process: preliminary comparative analysis*. The European University Institute. Working paper n° 121.

Patrice Baubeau. 2014. *War Finance (France), 1914-1918*. Online International Encyclopedia of the First World War, ed. by Ute Danie and alii., Freie Universität Berlin.

Patrice Baubeau, Eric Monnet, Angelo Riva, and Stefano Ungaro.2018. *Flight-to-safety and the Credit Crunch: A new history of the banking crisis in France during the Great Depression*. Working paper 698, Banque de France.

Olivier Blanchard. 2023. *Fiscal Policy under Low Interest Rates*. MIT Press.

Olivier Blanchard, Eugenio Cerutti, Lawrence Summers. 2015. *Inflation and Activity – Two Explorations and Their Monetary Policy Implications*. Working Paper 21726, National Bureau of Economic Research

Bertrand Blancheton. 2001. *Le Pape et l'Empereur, la Banque de France, la direction du Trésor et la politique monétaire de la France (1914-1928)*. Albin Michel Histoire, page 93.

Bertrand Blancheton. 2005. *Les faux bilans de la Banque de France dans les années 1920*. Economic History 0503004, University Library of Munich.

Michael Bordo. 2020. *Monetary Policy Cooperation /Coordination and Global Financial Crises in Historical Perspective*. NBER Working Paper 27898.

Julien Bouvet. 2015. *La banqueroute des deux tiers*. Editions La Découverte, Revue : Regards croisés sur l'économie 2015/2 n° 17, pages 9 à 11.

Anton Brender et Florence Pisani. 2022. *Faut-il s'inquiéter du poids élevé des dettes publiques ? Les leçons du cas japonais*. In n° 146, Revue d'Economie Financière, *La soutenabilité des dettes publiques*.

Lucas Chancel, Thomas Piketty, Emmanuel Saez, Gabriel Zucman. 2022. Rapport sur les inégalités mondiales 2022. World Inequality Lab.

Élie Cohen. 2012. *L'euro à l'épreuve de la crise des dettes souveraines*. Revue Politique étrangère n°1 pages 23 à 38.

Frank Costigliola. 1976. *The United States and the Reconstruction of Germany in the 1920s.* The Business History Review, Vol. 50, No. 4 (winter, 1976), pp. 477-502.
Cour des comptes. 2021. *La situation et les perspectives des finances publiques - juin 2021.*Cour des comptes.
Nicholas Crafts. 2014. *Reducing High Public Debt Ratios: Lessons from UK Experience.* CAGE Working Papers Series, n°199.
Josh Davis, Cristian Fuenzalida, and Alan M. Taylor. 2007. *The Natural Rate Puzzle: Global Macro Trends and the Market-Implied r*.* NBER Working Paper No. 26560
Francis Démier. 2014. *La France du XIXe siècle. 1814-1914.* Points série Histoire.
Mauricio Drelichman, Hans-Joachim Voth. 2007. *The Sustainable Debts of Philip II: A Reconstruction of Spain's Fiscal Position, 1560-1598.* CEPR Discussion Paper No. DP6611.
Barry Eichengreen, Asmaa El-Ganainy, Rui Pedro Esteves and Kris James Mitchener. 2019. *Public Debt through the Ages.* IMF Working Paper n°19/6. Et Barry Eichengreen, Asmaa El-Ganainy, Rui Esteves, Kris James Mitchener 2021.*In defense of public debt.* Oxford University Press.
Julio Escolano. January 2010. *A Practical Guide to Public Debt Dynamics, Fiscal Sustainability, and Cyclical Adjustment of Budgetary Aggregates.* Fiscal Affairs Department, IMF.
Federal Bank of Saint Louis. 1943. *Banking and Monetary Statistics 1914-1941.* Pages 544 et suivantes. https://fraser.stlouisfed.org/title/banking-monetary-statistics-1914-1941.
Marc Flandreau. 1998. *1931 : la chute de la livre sterling et la crise internationale vues par Jacques Rueff.* In: Politique étrangère, n°4 - 63^e^année. pp. 865-876.
Louis Fontvieille. 1977. Évolution et croissance de l'État français : 1815-1969. Préface de J. Marczewski. Cahiers de l'ISMEA, série AF, n° 13

Michel Fouquin et Jules Hugot. 2016. *Back to the Future: International Trade Costs and the Two Globalizations*. CEPII Working Paper, N°2016-13, May.

Georges Gallais-Hamonno et Pierre-Cyrille Hautcœur. 2007. *Histoire du marché financier français au XIXe siècle*, Publications de la Sorbonne.

Oscar Gelderblom and Joost Jonker. 2004. *Completing a Financial Revolution: The Finance of the Dutch East India Trade and the Rise of the Amsterdam Capital Market, 1595-1612*. The Journal of Economic History, Vol. 64, No. 3, pp. 641-672 Cambridge University Press

Oscar Gelderblom, Joost Jonker. 2011. *Public Finance and Economic Growth: The Case of Holland in the Seventeenth Century*. The Journal of Economic History 71(01):1-39.

François Geerolf, Pierre Jacquet. 2021. *La dette publique est-elle un problème ?* Institut français des relations internationales, revue Politique étrangère pages 79 à 92

Jean-Baptiste Gossé et Anass Mourjane. 2021. *Actif sûr européen : nouvelles perspectives* Bulletin de la Banque de France 234/6.

René Girard.2011. *Achever Clausewitz*. Flammarion.

Thomas Grejbine. 2022. *Le retour de l'inflation et des dilemmes macroéconomiques qui vont avec*. Pages 39-53. *L'économie mondiale 2023*. Editions La Découverte

Thomas Grejbine. 2021. *Comment (di)gérer des dettes publiques élevées*. Pages 41-56 L'économie *mondiale 2022*. Editions La Découverte.

Gerd Hardach. 2015. *De l'argent pour Armageddon. La mobilisation financière de l'Allemagne entre 1914 et 1918*. In *La mobilisation financière pendant la Grande Guerre*, éditrices Florence Descamps and Laure Quennouëlle-Corre, *Histoire économique et financière - XIXe-XXe*. Institut de la gestion publique et du développement économique.

Carl-Ludwig Holtfrerich. 1986. *The German Inflation1914-1923, Causes and Effects in International Perspective*. De Gruyter.

Pierre-Cyrille Hautcoeur. 2007. *Le marché financier français au XIXe siècle* Volume 2. Aspects quantitatifs des acteurs et des instruments à la Bourse de Paris (1 cédérom), Directeur éditorial Georges Gallais-Hamonno. Publications de la Sorbonne.

Pierre-Cyrille Hautcœur (Dir de). 2007. *Le marché financier français au XIXe siècle volume l, récit*. Publications de la Sorbonne. Voir en particulier le chapitre *10 Conjoncture économique et marché financier*. Pages 357-382.

Pierre-Cyrille Hautcoeur. 2011. *Les transformations du crédit en France au XIXe siècle*. Armand Colin p23 à 38.

Jacques Heers. 1971. *Gênes au XVe siècle*. Flammarion, d'après sa thèse publiée en 1961 aux éditions SEVPEN

Kathryn Holston, Thomas Laubach, and John C. Williams. 2017. *Measuring the Natural rate of Interest: International Trends and Determinants*. Journal of International Economics.

Insee. 2019. *Distribution du patrimoine données 2018.* Enquête Histoire de vie et Patrimoine, Insee.

Irène Karmous et Alain Ravary. 2022. *le patrimoine économique national en 2021- La croissance du patrimoine des ménages s'accentue grâce aux prix du foncier*. Insee Première n° 1925.

Irène Karmous et Alain Ravary. 2021. *Le patrimoine économique national en 2020 – Des évolutions contrastées entre le secteur public et les secteurs privés*. Insee Première n° 1874.

Vivien Levy-Garboua, Éric Monnet. 2016. *Les taux d'intérêt en France: une perspective historique.* Revue d'économie financière, n° 121.

M.Lévy-Leboyer et F. Bourguigon. 1985. *L'économie française au XIXe siècle*. Economica, page 81.
Peter Lindert et Peter Morton. 1989. *How Sovereign Debt Has Worked ?* in *Developing Countries Debt and the World Economy* edited by par Jeffery Sachs, NBER.
Éric Monnet and Blaise Truong-Loï. 2020. *The History and Politics of Public Debt Accounting.* Chapter 19 in: *A World of Public Debts*, N.Barreyre, N.Delalande editors. Palgrave.
Éric Monnet. 2021. Politique monétaire et politique du crédit en France pendant les Trente Glorieuses 1945-1973.Thèse, https://hal.archives-ouvertes.fr/tel-03138235.
James Macdonald. 2003. *A Free Nation Deep in Debt, the Financial Roots of Democracy.* Fakkar, Straus and Giroux, New York. Pages 72-77.
Sally Marks. 1978. *The Myths of Reparations.* Central European History, Vol. 11, No. 3 (Sep. 1978), pp. 231-255, Cambridge University Press.
Branko Milanovic. 2014. *The Return of "Patrimonial Capitalism": A Review of Thomas Piketty's Capital in the Twenty-First Century. Journal of Economic Literature*, 52 (2): 519-34.
B.R. Mitchell. 1988. *British Historical statistics.* Cambridge University Press
Reinhold C. Mueller. 1997. *The Venetian Money Markets, Panics, and the Public Debt, 1200-1500.* Vol. II. Of Money and Banking in Medieval and Renaissance Venice. John Hopkins University Press.
Robert Mundell. 1963. *Capital Mobility and Stabilization Policy under Fixed and Flexible Exchanges Rates.* Canadian Journal of Economics. Vol.29, pp.475-485.

J.H. Munro. 2013. *Rentes and the European "Financial Revolution"*. Chap. 23 du *Handbook of Key Global Financial Markets, Institutions, and Infrastructure*. Elsevier

Maurice Obstfeld & Alan M. Taylor. 2003. *Globalization and Capital Markets*. Publié dans *Globalization in Historical Perspective*, Editors: Michael D. Bordo, Alan M. Taylor and Jeffrey G. Williamson. NBER. University of Chicago Press.

OCDE. 2012. *Perspectives de l'environnement de l'OCDE à l'horizon 2050: Les conséquences de l'inaction.*

Office for National Statistics. 2014. *Compendium of UK Statistics.*https://data.gov.uk/dataset/c04c5ebc-5b13-445c-a209-4b4fd0f70773/compendium-of-uk-statistics

André Orléan. 2008. *Crise de la souveraineté et crise de la monnaie: l'hyperinflation allemande des années 1920.* Publié dans *La monnaie dévoilée par ses crises. Vol. II : Crises monétaires en Russie et en Allemagne au XXe siècle,* Paris, Éditions de l'EHESS, pages187-219, sous la direction de Bruno Théret.

Luca Parisoli. 2006. *La « Casa di San Giorgio », une autorité de régulation dans les villes communales médiévales italiennes*. Droit et cultures n° 52.

Pezzolo, Luciano. 2003. *The Venetian Government Debt, 1350-1650.* In *Urban public debts, urban government and the market for annuities in Western Europe (14th-18th centuries*, pages 61–74.

Thomas Piketty. 2013. *Le Capital au XXIe siècle*. Le Seuil, coll. « Les Livres du nouveau monde », 976 pages.

Jean Pisani et Selma Mahfouz. 2022. *L'action climatique : un enjeu macroéconomique.* France stratégie note d'analyse.

Alain Plessis. 2001. *La révolution de l'escompte dans la France du XIXᵉ siècle*. Revue d'histoire du XIXᵉ siècle, n°23, pages 143-163.

Carmen Reinhart and Kenneth Rogoff. 2014. *Recovery from Financial Crises: Evidence from 100 Episodes.* American Economic Review. Papers&Proceedings.

Xavier Ragot. 2022. *Dette optimale et dette soutenable*. In n° 146, Revue d'Economie Financière, *La soutenabilité des dettes publiques*. Pages 185-197.

Richard Roberts. 2018. *Le ministère des Finances britannique et la gestion de la crise financière de 1914 en Grande-Bretagne – Improvisation et innovation.* IGPE.

Kenneth S. Rogoff, Barbara Rossi, and Paul Schmelzing. 2022. *Long-Run Trends in Long-Maturity Real Rates 1311-2021.* NBER Working Paper No. 30475.

Michèle Saint Marc.1983. *Histoire monétaire de la France (1800-1980),* Paris, Presses Universitaires de France.

Pierre de Saint-Phalle. 2022. *Normes et valeurs de la dette (1787-1791) Une institution financière, sociale et politique.* Bibliothèque de l'économiste, n° 42.

Thomas J. Sargent.1982. *The Ends of Four Big Inflations.* In *Inflation: Causes And Effects*, Editor: Robert E. Hall, NBER books, University Of Chicago Press.

R. S. Sayers. 1956. *Financial Policy*, 1939-45. In *History of the Second World War*, United Kingdom Civil Series. Edited by. Sir Keith Hancock. (London: H.M. Stationery Office and Longmans).

Paul Schmelzing. 2020. *Eight centuries of global real interest rates, R-G, and the 'suprasecular' decline, 1311–2018*. Staff Working Paper No. 845, Bank of England.

Sénat. 1987. *La rente perpétuelle de 5% créée par la Révolution française a été totalement remboursée en mars 1987.*
https://www.senat.fr/questions/base/1987/qSEQ870807345.html.

Jérôme Sgard. 2002. *L'économie de la panique, faire face aux crises financières*. Editions La Découverte.

Olivier Sirello. 2020. *Qui a acheté les dettes en zone euro depuis le début de la crise sanitaire ?* Billet n°188, Bloc-notes Eco, Banque de France.

Rylan Thomas, and Nicholas Dimsdale. 2017. *A Millennium of UK Data.* Bank of England OBRA dataset. http://www.bankofengland.co.uk/research/Pages/onebank/threecenturies.aspx

Adam Tooze. 2012. *Le salaire de la destruction, formation et ruine de l'économie nazie*. Les belles lettres.

Henri Truchy. 1926. *Les finances de guerre de la France*. Presses Universitaires de France.

Éric Vanhaute, Richard Paping, Cormac Ó Gráda. 2006. *The European subsistence crisis of 1845-1850: a comparative perspective*. IEHC Helsinki Session 123.

Philippe Verheyde. 2006. *Politiques et pratiques financières de la Caisse d'amortissement et de la Caisse des dépôts et consignations*. Pages 123-154, in Alya Aglan, Michel Margairaz et Philippe Verheyde (dir.). 2006. *1816 ou la genèse de la Foi publique. La fondation de la Caisse des dépôts et consignations.* Librairie Droz. Genève.

Philippe Verheyde. 2016. *La Caisse des dépôts et consignations dans la Grande Guerre. L'indispensable soutien à l'État : inversion ou inflexion ?* Publié dans *La mobilisation financière pendant la Grande Guerre*. Florence Descamps et Laure Quennouëlle-Corre.

Pierre Villa. 1994. *Un siècle de données macroéconomiques.* Insee Résultats, N°86-87, Paris. Voir aussi le site du CEPII.

Jonathan Woetzel et autres. 2021. *The rise and rise of the global balance sheet, how productively are we using our wealth?* McKinsey Global Institute, Novembre.

Annexe 1 : Source des données

PIB

Pour la France :

- De 1815 à 1889 : J.-C. Toutain. 1987. *Le produit intérieur brut de la France de 1789 á 1982.* Économies et Société (Grenoble). Données raccordées à celles de Pierre Villa.
- De 1890 à 1948 : Pierre Villa. *Séries longues macroéconomiques.* http://www.cepii.fr/francgraph/bdd/villa/mode.htm
- De 1949 à 2021 : Insee, données en Euros, base 2014.

Pour le Royaume-Uni :l'ensemble des données provient d'une seule source :

- Rylan Thomas, and Nicholas Dimsdale. 2017. *A Millennium of UK Data.* Bank of England OBRA dataset.

Intérêts

- Rylan Thomas, and Nicholas Dimsdale. 2017. *A Millennium of UK Data.* Bank of England OBRA dataset.

Dette publique, recettes et dépenses publiques

- De 1815 à 1880 : Données sur le gouvernement central : Louis Fontvieille. 1976. *Évolutions et croissance de l'État français 1815-1969*. Économie et Société n° 9-10-11-12 septembre décembre.

- De 1880 à 2021 : S. M. Ali Abbas et autres. 2014. *Sovereign Debt Composition in Advanced Economies: A Historical Perspective.* IMF Working Paper No. 14/162
- Abbas, S.M.A., N. Belhocine, A. El-Ganainy, and M. Horton. 2011. *Historical Patterns and Dynamics of Public Debt—Evidence from a New Database*. IMF Economic Review, Vol. 59, No. 4, pp. 717-742.
- De 1949 à 2021 : Données sur l'ensemble des dépenses publiques : Insee et ministère des Finances.

Charges de la dette

- De 1815 à 1948 : Données sur le gouvernement central : Louis Fontvieille. 1976. *Évolutions et croissance de l'État français 1815-1969*. Économie et Société n° 9-10-11-12 septembre décembre.

Annexe 2 France : Cycles de la dette publique 1816-2021 (en % du PIB)

Période	Durée années	Dette initiale	Dette finale	Variation de la dette	
1816-1821	6	21,5	60,3	38,8	Occupation
1821-1854	34	60,3	36,6	- 23,7	
1854-1865	12	36,6	73,9	37,3	Guerre Crimée Italie
1865-1869	5	73,9	52,4	- 21,5	
1869-1887	19	52,4	117,1	64,7	Occupation 1870-71
1887-1913	27	117,1	66,4	- 50,7	
1913-1921	9	66,4	237,0	170,6	1ere GM
1921-1933	13	237,0	129,1	- 107,9	
1933-1936	4	129,1	166,8	37,7	
1936-1939	4	166,8	114,7	- 52,1	
1940-1944	5	114,7	231,7	117,0	Occupation
1944-1977	34	231,7	15,0	- 216,7	
1980-2021	41	20,8	116,4	95,6	

Liste des graphiques

Liste des tableaux

Remerciements

Je tiens tout d'abord à saluer la mémoire de Michel Courcier, fondateur du CEPII (Centre d'Etudes Prospectives et d'Informations Internationales), qui, dès les années soixante, avait perçu l'importance de la mondialisation, la nécessité d'en comprendre les mécanismes et de les faire connaître à une large public en France.

Je voudrais ensuite remercier les différents directeurs du CEPII qui lui ont succédé et m'ont permis de participer à cet effort d'analyse, notamment Christian Sautter, Jean-Michel Charpin, Jean Pisani Ferry, Lionel Fontagné, Agnès Bénassy-Quéré, Sébastien Jean, et l'actuel directeur Antoine Bouët.

Je remercie aussi mes collègues pour l'intérêt qu'ils ont porté à mon projet. Tout particulièrement : Jacques Melitz, Thomas Grejbine, et Marc Lautier pour leur relecture attentive du dernier chapitre. Sans oublier mon amie Catherine Chenneberg pour sa relecture pointue du texte ainsi que mon épouse Mary-Christine pour son infinie patience.

Enfin, une pensée particulière pour Jean-Raphael Chaponnière qui nous a quitté trop tôt.

Revue « Marché et Organisations »

Promouvoir la recherche originale sur les relations de plus en plus étroites entre le marché et les organisations. Les acteurs économiques de taille, de puissance et de pouvoir différents dont les intérêts peuvent être convergents, complémentaires ou, le plus souvent, antagoniques, ont tendance à organiser les marchés. La raison du marché, pourtant, est la référence stratégique pour l'entreprise ainsi que pour les institutions publiques de décision économique.

N°1 : Artisanat. La modernité réinventée, 2006
N°2 : La petite entreprise, elle a tout d'une grande. De l'accompagnement aux choix stratégiques, 2006
N°3 : Tourisme et Innovation. La force créative des loisirs, 2007
N°4 : Le travail. Formes récentes et nouvelles questions, 2007
N°5 : Les universités et l'innovation. L'enseignement et la recherche dans l'économie des connaissances, 2007
N°6 : Entrepreneuriat et accompagnement. Outils, actions et paradigmes nouveaux, 2008
N°7 : Développement durable des territoires. Economie sociale, environnement et innovations, 2008
N°8 : Développement durable et responsabilité sociale des acteurs, 2009
N°9 : Gouvernance : exercices de pouvoir, 2009
N°10 : Le travail collaboratif. Une innovation générique, 2009
N°11 : Economie sociale et solidaire. Nouvelles trajectoires d'innovations, 2010
N°12 : Relations à la marque et marques de la relation. Regards croisés sur le management relationnel de la marque, 2010
N°13 : Les contrats au service de la recherche ?, 2011
N°14 : Le potentiel économique de l'Afrique subsaharienne, 2011
N°15 : Management de la distribution, 2012
N°16 : Territoire Vert. Entreprises, Institutions, Innovations, 2012
N°17 : Eco-conception, conception et innovation. Les nouveaux défis de l'entreprise, 2013
N°18 : Intelligence économique : entreprises et territoires, 2013
N°19 : La finance globale. Un monde fini, 2013
N°20 : La crise du « développement », 2014
N°21 : La Chine innove. Politiques publiques et stratégies d'entreprise, 2014
N°22 : Go East! Nouvelles Economies de Marché, 2015
N°23 : L'économie du changement, 2015
N°24 : Le temps des artisans. Permanences et mutations, 2015
N°25 : Innovations de proximité et esprit d'entreprise, 2016
N°26 : L'avenir des économies du Maghreb : entre inertie structurelle et envie de rupture, 2016/3 (n° 27)
N°27 : Le sport aux frontières du marché du travail, 2016
N°28 : Dynamiques internationales des entreprises, 2017
N°29 : L'univers du risque, 2017
N°30 : Les petites entreprises dans l'histoire industrielle, 2017
N°31 : Economie sociale et *social business* ? Au défi d'entreprendre et se financer, 2018
N°32 : Éducation et fertilisation des économies africaines, 2018
N°33 : L'entrepreneuriat innovant dans les pays du Maghreb, 2018
N°34 : L'entrepreneuriat scientifique : institutions et innovation, 2019
N°35 : Le champ économique de la culture, 2019
N°36 : Economie sociale et solidaire ? Modèles d'innovation et modes de gouvernance, 2019
N°37 : Rethinking Luxury Business, 2020
N°38 : La santé connectée. Nouvelles technologies et réorganisation des soins, 2020
N°39 : Options stratégiques et systèmes complexes d'innovation, 2020
N°40 : Les services : intégration des systèmes productifs et lien social, 2021
N°41 : Crise pandémique, crise globale. Réalité et controverses théoriques, 2021
N°42 : La crise de la covid-19. Le marché et les organisations en perspective, 2021
n°43 : (Re)faire système. *Bug & reset*, 2022
n°44 : Aléas du marché et management du risque, 2022
n°45 : Le renouveau du transport et de la logistique : les systèmes d'information, 2022
N°46 : Entrepreneuriat et innovation dans l'enseignement supérieur, 2023

Collection « L'esprit économique »
fondée par Sophie Boutillier et Dimitri Uzunidis en 1996

Dernières parutions

► ***Série Economie et Innovation***
S. MONNERIE, *L'économie digitale révolutionne le monde. Innovation et total design*, 2019.
T. MICHAUD, *Le projet spatial européen, entre pragmatisme et imagination*, 2020.
J.-P. SCHMITT, N. RAVIDAT, *Management conjoint de la technologie et de la personne. Pour performer et croitre*, 2020.
Y. EL YAHYAOUI, *Economie des plateformes numériques. Captation de la valeur, pouvoir de marché et communs collaboratifs*, 2021.
G. DUTHIL, *Handicap et insertion professionnelle*, 2022.
T. MICHAUD, *La science-fiction institutionnelle*, 2023.
► ***Série Le Monde en Question***
H. AGOURRAME, *La règlementation bancaire internationale. Genèse, évolution et impact sur le « business model » des banques*, 2021.
A. AMINE, C. GALLOUJ, *Consommateurs et pratiques de consommation au Maroc*, 2021.
T. MARINOVA, *Economie sociale et solidaire dans les pays des Balkans. Bulgarie, Roumanie, Serbie : quels enseignements ?* 2021.
T. GARCENOT, *La finance contre le dérèglement climatique. Politiques monétaires et enjeux géopolitiques de la finance verte*, 2021.
A. VALLERAY, *Mondialisation mon amour. Avatars d'une utopie*, 2021.
I. BEN ABDELKADER, *La microfinance dans la région du Moyen-Orient et de l'Afrique du nord (MENA). Aperçu global et enjeux actuels*, 2022.
C. GALLOUJ, *Grande distribution alimentaire au Maroc. Acteurs et stratégies*, 2022.
J. PIERRE-JUSTIN VIRAPATIRIN, *La petite économie insulaire de la Guadeloupe. Bilan, enjeux et perspectives*, 2022.
K. ESSAF, *Les Sukuk : aspects théoriques, rendement et risques*, 2022.
► ***Série Krisis***
J.-C. MOREL, *La nécessaire valorisation de la richesse ou intégrer le capital humain au bilan*, 2020.
V. LAURE VAN BAMBEKE, *La valeur du travail humain. Essai sur la refondation de l'expression monétaire de la valeur-travail*, 2021.
A. FONTAINE, *L'économie est l'opium du peuple. Une fausse science*, 2021.
A. RODRIGUEZ-HERRERA, Travail, valeur et prix. Reprise et clôture d'un débat centenaire (1885-1985) a la lumière des textes marxiens, 2021.
R. DELORME, *La complexité autrement. Une réponse nouvelle à la pandémie et à d'autres phénomènes sociaux complexes*, 2022.
V. YEFIMOV, *L'ordre social monétaire. L'économie discursive défit le courant dominant et l'économie narrative*, 2022.
► **Série *Clichés***
S. BOUTILLIER, D. UZUNIDIS (dir.), *La Russie européenne. Du passé composé au futur antérieur*, 2008.
R. VOLPI, *La négociation. Pain, paix, liberté*, 2009.
► ***Série Cours Principaux***
R. SANTENAC, *Le cycle des crises financières. Une étude approfondie des causes, des impacts et de la fréquence*, 2020.
B. LANDAIS, *Macroéconomie efficace. Croissance et crises*, 2020.
A. MBULI LANDU, *Le memo d'un comptable. Approche par le SYSCOHADA révisé*, 2021.
M. EL KARRIM, *Introduction à l'économétrie appliquée*, 2022.
Z. FIRANO, *Fondements de la finance de marché. Théories et applications*, 2022.
► ***Série L'économie formelle***
H. AMAAZOUL, *Responsabilité sociétale des entreprises et performance financière. Étude appliquée aux entreprises marocaines*, 2021.
M. BERTONECHE, *Chroniques économiques de notre temps*, 2021.
E. CARREY, H. LANDIER, *Après la guerre contre la Covid : de l'économie financière a l'entrepreneuriat social*, 2021.
J. LATREILLE, *Sale temps pour l'économie marchande*, 2021.
J. LATREILLE, *Escronomistes ! Ces théories qui abîment le monde*, 2022.

Structures éditoriales du groupe L'Harmattan

L'Harmattan Italie
Via degli Artisti, 15
10124 Torino
harmattan.italia@gmail.com

L'Harmattan Hongrie
Kossuth l. u. 14-16.
1053 Budapest
harmattan@harmattan.hu

L'Harmattan Sénégal
10 VDN en face Mermoz
BP 45034 Dakar-Fann
senharmattan@gmail.com

L'Harmattan Cameroun
TSINGA/FECAFOOT
BP 11486 Yaoundé
inkoukam@gmail.com

L'Harmattan Burkina Faso
Achille Somé – tengnule@hotmail.fr

L'Harmattan Guinée
Almamya, rue KA 028 OKB Agency
BP 3470 Conakry
harmattanguinee@yahoo.fr

L'Harmattan RDC
185, avenue Nyangwe
Commune de Lingwala – Kinshasa
matangilamusadila@yahoo.fr

L'Harmattan Congo
219, avenue Nelson Mandela
BP 2874 Brazzaville
harmattan.congo@yahoo.fr

L'Harmattan Mali
ACI 2000 - Immeuble Mgr Jean Marie Cisse
Bureau 10
BP 145 Bamako-Mali
mali@harmattan.fr

L'Harmattan Togo
Djidjole – Lomé
Maison Amela
face EPP BATOME
ddamela@aol.com

L'Harmattan Côte d'Ivoire
Résidence Karl – Cité des Arts
Abidjan-Cocody
03 BP 1588 Abidjan
espace_harmattan.ci@hotmail.fr

Nos librairies en France

Librairie internationale
16, rue des Écoles
75005 Paris
librairie.internationale@harmattan.fr
01 40 46 79 11
www.librairieharmattan.com

Librairie des savoirs
21, rue des Écoles
75005 Paris
librairie.sh@harmattan.fr
01 46 34 13 71
www.librairieharmattansh.com

Librairie Le Lucernaire
53, rue Notre-Dame-des-Champs
75006 Paris
librairie@lucernaire.fr
01 42 22 67 13

www.ingramcontent.com/pod-product-compliance
Lightning Source LLC
LaVergne TN
LVHW011015061026
849535LV00006B/1898
9782140310201